AF203009

Gerd Haufe

Zum Glück gibt es Aktien!

Wer nichts wagt, hat schon verloren.

© 2021 Gerd Haufe
Umschlag, Illustration: Gerd Haufe
Lektorat, Korrektorat: Dr. Lotte Husung
Verlag & Druck: tredition GmbH, Halenreie 40-44, 22359 Hamburg

ISBN
Paperback: 978-3-347-39493-3
Hardcover: 978-3-347-39494-0
e-Book: 978-3-347-39495-7

Kapitelübersicht

1. Theorie und Praxis

> *Aus kleinem Anfang entspringen alle Dinge.*
> *Marcus Tullius Cicero*

Wer noch nie Aktien gekauft hat, stellt sich allerlei Fragen und hat möglicherweise Angst, etwas falsch zu machen. Für viele sind Aktien komplettes Neuland. Wir kennen das Gefühl aus anderen Situationen im Leben. Es ist *das erste Mal*: Der Sprung ins tiefe Wasser, die freie Rede, der erste Kuss. »Tue, was du fürchtest, und die Angst stirbt einen sicheren Tod.« Diese Weisheit wurde so oder ähnlich bereits von Friedrich Nietzsche und Dale Carnegie formuliert. Und sie stimmt: Mit zunehmender Übung nimmt das Lampenfieber ab.

Doch wie ist das mit den Aktien? Hier scheinen die Hürden für viele besonders hoch zu liegen. Nur jeder sechste Mitbürger in Deutschland hat den Sprung gewagt und besitzt aktuell Aktien oder Fonds mit Aktien[1].

Mit diesem Buch tun Sie jedoch den ersten Schritt! Denn hier finden Sie relevante Informationen und einige anschaulichen Geschichten rund um das Thema Aktien. Sie sollen anregen, über eine der ertragsreichsten Formen der Kapitalanlage nachzudenken, weiter zu recherchieren, und vor allem soll das Buch motivieren, praktische Erfahrungen mit Aktien zu sammeln. Mein Ziel als Autor ist erreicht, wenn Sie nach der Lektüre ein sicheres Fundament anlegen, um im Laufe der Zeit mit Aktien eine angemessene Rendite auf Ihr Sparkapital zu erzielen.

---

[1] Nähere Informationen siehe Homepage Deutsches Aktieninstitut e.V.; Link: https://www.dai.de/; abgerufen am 19.07.2021.

Zwar sagt man, dass aller Anfang schwer sei, doch jede Reise beginnt mit dem ersten Schritt. Der Anfang kann zauberhaft sein, wie Hermann Hesse in dem Gedicht „Stufen" schrieb. Also fangen Sie an!

Wie es begann

Für die „Sendung mit der Maus", die damals im Jahre 1971 zum ersten Mal ausgestrahlt wurde, fühlte sich Silvia entschieden zu alt. Ihre Interessen lagen ganz woanders. Nach der Schule saß sie wie jeden Mittag in der Küche. Ihre Mutter hatte Bratkartoffeln mit Spiegelei gekocht. »Geht schnell, ist gesund und kostet nicht viel«, sagte sie gelegentlich. Nebenher lief das Radio, gegen 14 Uhr wurden im Bayerischen Rundfunk die täglichen Aktienkurse vorgelesen. »BMW 889 plus 2, Bekula 189 minus 1 ...« Minutenlang folgten Namen und Zahlen. Jeden Tag, jede Woche, jeden Monat. Nur nicht am Wochenende. Anfangs hörte Silvia die Notierungen nur mit halbem Ohr, mit der Zeit kam es allerdings vor, dass ihr ein neuer Namen auffiel oder besonders viele „Minus" oder „Plus" verlesen wurden. Meist stiegen die Kurse um ein paar Groschen, manchmal sank ein Kurs, doch für Silvia schienen diese Bewegungen ohne erkennbares Muster zu sein. Ein Rätsel, das sie zunehmend beschäftigte. Ihre Mutter warnte sie einmal, Aktien seien nichts für Kinder und sehr riskant.

War es der komische Name oder Zufall? Sie begann, den Kurs der Mannesmann-Aktie in einem karierten Schulheft zu notieren. Jeden Tag. Nach ein paar Monaten lag eine Zahlenkolonne vor ihren Augen, deren Werte wie im Fahrstuhl rauf und runter gingen. Als Einzelkind spielte sie oft mit sich selbst als Partner Mensch ärgere dich nicht oder Schach. Bei den Mannesmann-Kurszahlen war die Börse der Mitspieler. Blind tippte Silvia einen Wert auf dem Papier; wenn er niedrig genug war, merkte sie sich die Zahl als Kaufkurs und tippte blind eine weitere Zahl. War sie deutlich höher, dann tat Silvia so, als verkaufe sie die Aktie wieder, sonst behielt sie die Aktie weiter, bis ein Kurs realisiert werden konnte, der über dem Kaufkurs lag. Dieses Spiel wiederholte sie, bis es sicher schien, dass regelmäßig Gewinn entstand. Das war der Tag, an dem sie beschloss, sich mit echten Aktien ein zusätzliches Taschengeld zu verdienen.

Nach der Schule marschierte Silvia zur örtlichen Sparkasse, um eine Mannesmann-Aktie zu kaufen. Das Geld dazu lag auf ihrem Sparbuch, das sie vorlegte. Sie stand am Schalter und blickte auf die Durchreiche der Panzerglasfront, als sich die Schaltermitarbeiterin freundlich weigerte, den

Börsenauftrag zu notieren. Sie verwendete dabei die Worte »für so was« und »zu jung«, und es klang ähnlich wie bei Onkel Siegfried, als Silvia einmal an dessen Zigarre ziehen wollte. »Nichts für kleine Mädchen«, hatte er augenzwinkernd gesagt.

Allenfalls mit Zustimmung der Mutter könne die Sparkasse da eine Ausnahme machen, lenkte die Dame am Schalter ein. Doch die Mutter lehnte ab. »Zu riskant, Kind, da kannst du dein gespartes Taschengeld verlieren!«

»Aber Mama, die Börse funktioniert eigentlich ganz einfach. Wie ein Fahrstuhl, wenn man nach oben will. Man steigt ein, und egal, ob er nach unten oder oben geht, man steigt erst dann aus, wenn man im gewünschten Stockwerk angekommen ist.«

»Ein Aufzug kann auch ausfallen oder sogar abstürzen«, entgegnete die Mutter.

Erst Silvias Argument, dadurch würde ihr viel zusätzliches Taschengeld entgehen, konnte sie umstimmen. Die Mutter schlug vor, dass sie beide erst mal so tun würden, als ob. Quasi ein Spiel, ein Aktienspiel, bei dem am Ende mit echtem Geld abgerechnet werden würde. Silvia dürfe sagen, wann die Aktie gekauft werde, und nachfolgend solle der echte Kursverlauf der Aktie entscheiden, wer wem einen Ausgleich zahlen müsse. Einverstanden! Silvia hüpfte vor Freude und nannte gleich den aktuellen Kurs: 169 Mark für eine Mannesmann-Aktie.

Die folgenden Wochen und Monate schienen der Mutter recht zu geben. Der Kurs fiel. Besorgt um das Taschengeld ihrer Tochter fragte die Mutter, ob sie nicht mal abrechnen sollten. Immerhin seien schon über 20 Mark Verlust aufgelaufen. Doch Silvia blieb gelassen und meinte, sie würde jetzt noch nicht verkaufen.

Es dauerte über ein Jahr, bis Silvia endlich den Verkaufsauftrag bei ihrer Mutter aufgab. Diese hatte das Spiel bereits vergessen und schien hin- und hergerissen, als sie Silvia 41 Mark zahlen musste.

Als gleich darauf Silvia 10 Chase Manhattan Bank-Aktien kaufen wollte, meinte die Mutter, jetzt sei es wohl besser, wenn sie der Sparkasse die Einwilligung gebe.

Auf diese Weise wurde Silvia im Alter von 14 Jahren stolze Besitzerin von echten Aktien.

2. Hilfe, Hilfe! Wohin mit dem Geld?

In letzter Zeit werde ich oft gefragt, wo und wie noch ertragreich Geld angelegt werden könne. Das anlagesuchende Kapital stammt beispielsweise aus folgenden Quellen:

- Eine Anleihe oder ein Sparbrief mit attraktiver Rendite wurde fällig,

- dem Verkauf einer Immobilie,

- eine Lebensversicherung wurde fällig,

- aus der Abfindung des ehemaligen Arbeitgebers,

- eine Erbschaft wurde ausbezahlt,

- ehemals hohe Tagesgeldzinsen schrumpften im Laufe der Zeit zu Magerzinsen, und inzwischen droht die Bank mit einem Verwahrentgelt.

Das Grundproblem ist aktuell sowohl für den Anleger als auch für eine beratende Bank oder Sparkasse, dass der Zinssatz am Geld- und Kapitalmarkt für viele Anlageformen negativ ist. Das bedeutet, dass ein Anleger für die sichere Anlage seines Geldes etwas bezahlen soll. Daran müssen sich viele Menschen erst gewöhnen, galt es doch zuvor als normal, dass der Sparer für seinen Konsumverzicht und die Hergabe des Spargeldes mit Zinsen belohnt wurde. Schließlich leiht der Sparer das Geld seiner Bank, teilweise für lange Zeit. Umgekehrt würde sicherlich niemand auf die Idee kommen, dass er Geld bekommen könnte, wenn er am Mietwagenschalter ein Auto ausleiht.

Will der Anleger dieser misslichen Situation entkommen und aktuell trotzdem einen positiven Zins erzielen, muss er ein Risiko eingehen. Allerdings darf man sich keine Wunder davon erwarten. Schauen Sie sich folgende Beispiele an (Stand 09.09.2021)[2]:

- Lange Laufzeit: Staatsanleihe Frankreich fällig in 30 Jahren, Rendite 0,36 %

- Währungsrisiko: Staatsanleihe USA in US-Dollar, 5 Jahre Laufzeit, Rendite 0,37 %

- Rückzahlungsrisiko: Anleihe der Lufthansa[3], fällig 2024, Rendite 1,21 %

Sind diese Angebote wirklich attraktiv? Trotz der Risiken liegt die erzielbare Rendite teilweise deutlich unter der Geldentwertungsrate. Zusätzlich müssen Kaufgebühren berücksichtigt werden und später bei der Verwahrung im Depot je nach Bank auch Depotgebühren.

Vor diesem Hintergrund ist es zunächst wichtig, die Rahmenbedingungen zur Kenntnis zu nehmen und zu akzeptieren. Die Zeiten, in denen der Anleger auf einem Sparbuch oder Festgeldkonto 2 % oder 3 % oder mehr Zins erzielen konnte, sind definitiv vorbei. Wann diese Zeiten wiederkommen, ist offen. Darauf zu warten kann lange dauern, vielleicht zu lange, da in der Zwischenzeit die Inflation und die negativen Zinsen beziehungsweise das Verwahrentgelt das Anlagekapital teilweise entwerten.

Welche Alternativen gibt es?

Im ersten Schritt kann überlegt werden, eventuell vorhandene Schulden zu tilgen. Auf der einen Seite Geld anzulegen und auf der anderen Seite Darlehen zu bedienen bedeutet, die Geldanlage mit dem Kredit zu finanzieren. Das kann sinnvoll sein, wenn zum Beispiel das eigene Wohnhaus mithilfe eines Baukredites finanziert

---

[2] Quelle: Kursteil der Frankfurter Allgemeinen Zeitung vom 10.09.2021.
[3] WKN: A2YNV6; Bonität BB; Quelle: www.boerse-stuttgart.de.

wurde und gleichzeitig ein sogenannter Notgroschen in Höhe von ein paar Monatsgehältern auf dem Girokonto liegt. Ansonsten ist das allenfalls sinnvoll, wenn die Anlage ohne nennenswertes Verlustrisiko mehr Ertrag abwerfen würde, als das Darlehen kostet. Das wäre jedoch eine sehr seltene Konstellation. Obwohl die Zinsen für sichere Anlagen derzeit (Sommer 2021) negativ sind, liegen die Kreditzinsen in der Regel im positiven Bereich. Wäre es anders, würden die Banken im Zinsgeschäft Verluste machen.

Im zweiten Schritt kann erwogen werden, in langlebige Güter oder eine Renovierung zu investieren. Das Motiv wäre, zukünftig Geld zu sparen oder die Lebensqualität zu erhöhen und nebenbei noch etwas für die Umwelt zu tun. Eine alte Waschmaschine kann durch ein umweltfreundlicheres Exemplar ersetzt werden oder ein alter „Stinker" wird verkauft, um ein emissionsarmes Auto zu erwerben. Oder wie wäre es für den Immobilienbesitzer mit einer neuen Heizung im Wohnhaus?

Im dritten Schritt können Sie sich endlich mit dem Thema Aktien befassen. Gemäß dem Motto: „Zum Glück gibt es Aktien!"

Ein warmer Wintermantel

»Oma!«, rief Felix, als er in die Küche stürmte und den Zeigefinger gleich in den Kuchenteig steckte. »Oma, du hast mir doch vom Geldanlegen erzählt! Was war eigentlich deine beste Anlage?«

»Hast du saubere Finger?«, fragte Oma Silvia stattdessen.

»Jaja. Mhm, lecker schmecker!« An den Tisch gelehnt schaute Felix die Großmutter mit seinen großen, braunen Augen an. Sie liebte diesen herzerweichenden Blick und fürchtete ihn gleichzeitig.

»Kannst du dich noch erinnern, wann du dir zuletzt die Hände gewaschen hast?«

»Klaro, gestern nach dem Mittagessen.«

»Lümmel! Raus hier, ab ins Bad!«

»Muss das sein? Du hast mir noch gar nicht die Frage beantwortet«, meckerte Felix.

»Wenn du mit sauberen Pfoten wiederkommst, erzähle ich dir eine kleine Geschichte.« In der Zwischenzeit brachte Silvia die Schüssel in Sicherheit und legte einen Apfel auf den Küchentisch.

»So, Oma, jetzt erzähl endlich!«, forderte Felix mit noch tropfenden Händen.

Oma Silvia schmunzelte und fing an: »Als Studentin hat mir mein Opa August mal kurz vor Weihnachten 500 Mark zugesteckt.«

»Und die hast du dann in „Akatien“ angelegt?«, fragte er ungeduldig, denn auch einen derartigen Begriff hatte er von seiner Großmutter schon gehört.

Silvia musste lachen. »Das hab ich wirklich überlegt. Die PanAm-Aktien schienen damals günstig. Die hatten gerade Leute entlassen. Das ist zwar für die Mitarbeiter schrecklich, aber für die Aktien oft günstig.«

»Hast du das echt gemacht?«, fragte Felix und hob die Augenbrauen.

»Nein. Und zwar nicht wegen der entlassenen Mitarbeiter. Daran hätte ich sowieso nichts ändern können. Aber ich habe im Winter auf dem Weg zur Uni immer so gefroren. Da hab ich mir von dem Geld einen warmen Steppmantel geleistet. Rot und lang. Sehr chic!«

»Und das war eine gute Geldanlage?« Felix runzelte die Stirn.

»Ja, die beste überhaupt. Anschließend hatte ich keine Blasenentzündungen mehr und konnte trotz Frost und Schnee mit dem Rad fahren. Schatz, Gesundheit ist mehr wert als alles Geld der Welt«, dabei wuschelte Oma Silvia Felix durchs Haar.

3. Was ist eine Aktie?

Die Antwort auf die Frage der Kapitelüberschrift könnte lauten: ein Risikopapier. Damit wird aber nur eine negative Perspektive beleuchtet, während die positive Sichtweise den Begriff des Chancenpapiers verwenden würde.

Unbestritten beteiligt sich der Käufer einer Aktie am Eigenkapital einer Aktiengesellschaft. Er wird zum Aktionär, Mitunternehmer und Teilhaber, wenn auch nur zu einem kleinen Teil. Macht die Gesellschaft Gewinn und ihr Wert nimmt zu, profitieren die Aktionäre, zum einen durch die Dividende (Gewinnausschüttung), zum anderen durch einen steigenden Kurs der Aktie. Als Aktionär kann man außerdem mitbestimmen, indem man die jährliche Hauptversammlung besucht, dort abstimmt oder gar eine Rede hält. Das tun aber die wenigsten Aktionäre.

Viele Aktien werden an einer Börse gehandelt, wo sich durch Angebot und Nachfrage ein Marktpreis (= Kurs) bildet. Wenn man einen Kauf- oder Verkaufsauftrag über seine Bank oder neuerdings auch über eine Handelsplattform im Internet erteilt hat, kann man zu diesen Kursen handeln. Dadurch ist eine Anlage in Aktien meist schnell und einfach zu realisieren.

Es gibt unterschiedliche Arten von Aktien. In Deutschland üblich sind die Inhaberaktie und die Stammaktie. Bei Inhaberaktien beziehen sich die Rechte und Pflichten auf den jeweiligen Inhaber (Eigentümer). Die Übertragung der Rechte und Pflichten erfolgt durch den Erwerb beziehungsweise Verkauf der Aktie. Stammaktien haben ein Stimmrecht auf der Hauptversammlung, im Gegensatz zu den Vorzugsaktien. Letztere werden durch einen „Vorzug" entschädigt, etwa durch eine höhere Dividende.

4. Alles Vorurteile – oder?

> *Niemand weiß, was er kann, bevor er es versucht.*
>
> *Publilius Syrus*

Deutschland sei ein Land von Aktien-Muffeln, behauptete das Deutsche Aktieninstitut (DAI) in einer Studie vom 28.02.2020[4]. Zwar hat im Zuge der Corona-Pandemie das Interesse an Aktien, insbesondere in der jüngeren Bevölkerung, etwas zugenommen, aber es besitzen in Deutschland bis jetzt nur 17,5 % der Bevölkerung Aktien oder Aktienfonds[5]. Bei den Gründen für die Aktienzurückhaltung, die das DAI erforscht hat[6], fallen besonders zwei Punkte auf:

1. „Aktien sind nur was für Profis."

Zwar ist es für Experten mit Fachwissen und Erfahrung leichter, mit Aktien umzugehen, aber auch ein Profi hat mal klein angefangen. Im täglichen Leben gibt es viele anspruchsvolle Tätigkeiten, die ebenso von Laien ausgeführt werden können. Mit etwas Grundverständnis muss ein tropfender Wasserhahn kein Anlass sein, gleich den Klempner zu rufen. Das Autofahren kann erlernt werden, und wer sich mit einer gewissen Leidenschaft in der eigenen Küche engagiert, braucht den Vergleich mit dem nächsten Restaurant nicht zu scheuen. Nach der Lektüre dieses Buches gibt es keine Ausreden

---

[4] Link: https://www.dai.de/aktionaerszahlen/#/veroeffentlichungen/dokumenttitel/aktionaerszahlen-2019-aktieninteresse-gesunken; abgerufen am 19.07.2021.
[5] DAI Studie vom 25.02.2021; Link: https://www.dai.de/aktionaerszahlen/#/veroeffentlichungen/dokumenttitel/aktionaerszahlen-2020-deutsche-begeistern-sich-mehr-und-mehr-fuer-aktien; abgerufen am 19.07.2021.
[6] DAI Studie vom 16.01.2019; Link: https://www.dai.de/studien/#/pressemitteilungen/dokumenttitel/mehr-aktionaere-in-deutschland-gleichgueltigkeit-und-missverstaendnisse-ueberwinden; abgerufen am 19.07.2021.

mehr! Einfach anfangen und mit ein paar Aktien selbst Erfahrungen sammeln!

2. „Ich habe kein Geld zur Anlage in Aktien."

Klar ist: Wer nichts als Schulden hat, kann keine Aktien kaufen. Andererseits kann bereits ab 25 Euro ein monatlicher Sparplan[7] eingerichtet werden. Bei einer angenommenen jährlichen Rendite von 4,7 %[8] und einer Anlagedauer von 20 Jahren ergibt sich bei einer monatlichen Sparrate von 25 Euro ein Betrag von 9855,76 Euro[9]. Erwischt man eine gute Phase am Aktienmarkt, kann der Endbetrag sogar dreimal so hoch liegen. Das Ergebnis könnte dann durch eine erfolgreiche Anlagestrategie weiter vermehrt werden. Und kann nicht bei ehrlicher Betrachtung (fast) jeder mit etwas gutem Willen mindestens 25 Euro monatlich abzweigen?

Angst scheint ein wichtiger Grund für die Zurückhaltung in Sachen Aktien zu sein. In der repräsentativen Studie der Initiative „Aktion pro Aktie", einer gemeinsamen Aktion der Direktbanken ING Bank, Comdirect und Consorsbank, sind die beiden am häufigsten genannten Motive: „Habe Angst, mein Geld zu verlieren" und „Habe Angst, die falschen Aktien zu kaufen". Leider sind beide Befürchtungen begründet. Aber es gibt gute Gegenmittel, um die Ursache der Angst zu beseitigen.

Das Risiko, mit Aktien Verluste zu erleiden, sinkt mit der Dauer der Anlage. Blicken wir 50 Jahre zurück, so bestand ab 10 bis 15

---

[7] Nähere Informationen zum Thema Sparplan siehe Kapitel 8d.

[8] Das ist die niedrigste beobachtete Durchschnittsrendite bei 20 Jahren Sparplandauer; Stand 31.12.2020. Quelle: Deutsches Aktieninstitut (www.dai.de); Link: https://www.dai.de/rendite-dreiecke/#/rendite-dreiecke/dokumenttitel/regelmaessig-sparen-lohnt-sich-das-dax-rendite-dreieck-fuer-die-monatliche-geldanlage-stand-dezember-2019; abgerufen am 12.06.2021.

[9] Berechnet mit dem Finanzrechner der Frankfurter Allgemeinen Zeitung (FAZ); Link: https://finanzrechner-rendite.faz.net/rechner/faz/gleicherzins/; abgerufen am 12.06.2021.

Jahren Anlagehorizont kein Verlustrisiko mehr[10]. Neben dem Faktor Zeit gibt es weitere Möglichkeiten, das Risiko zu verringern: Anlagemittel auf mehrere Aktien streuen, besonders riskante Titel meiden und in Euphorie-Phasen keine Aktien kaufen (siehe Kapitel 8b).

Auch gegen die zweite Befürchtung, die falschen Werte zu kaufen, kann etwas getan werden. Kapitel 8a beschreibt, wie Sie mit einfachen Mitteln gute Aktien auswählen können. Kapitel 8d zeigt schließlich, warum es gar nicht so schlimm ist, falls das einmal nicht gelingen sollte.

Weitere Gründe, die so manchen von der Aktienanlage abhalten, könnten darin liegen, dass Aktien zuweilen einen schlechten Ruf haben. Das Umfeld der Börse wird öfter mit negativ belegten Begriffen in Verbindung gebracht. Wer will schon als Zocker oder Spekulant gelten? Sogar die Heuschrecke wurde als Bild missbraucht[11], um Kritik an Finanzinvestoren zu üben.

Für den zuweilen schlechten Ruf der Aktie und ihres Umfelds gibt es verschiedene Erklärungen. Zum einen wird darauf verwiesen, dass das Wissen und die Bildung in Finanzfragen in Deutschland nicht ausgeprägt seien und wir beispielsweise in Schulen mehr Unterrichtseinheiten zum Thema einführen sollten. Zum anderen gab es in den letzten Jahrzehnten immer wieder Gelegenheiten, um schlechte Erfahrungen mit Aktien zu sammeln. So wurde die Aktie der Deutschen Telekom (T-Aktie) als Volksaktie bezeichnet und der beliebte Schauspieler Manfred Krug bewarb sie in den 1990er Jahren erfolgreich in Fernsehspots. Zunächst stieg der Kurs bis ins Jahr 2000 auf über 100 Euro, doch in der Folge brach die Aktie durch das Platzen der sogenannten Dotcom-Blase[12] auf unter 10 Euro ein. Auch

---

[10] Quelle: Deutsches Aktieninstitut (www.dai.de); Dax-Rendite-Dreieck, Stand Dezember 2020; https://www.dai.de/rendite-dreiecke/#/rendite-dreiecke/dokumenttitel/50-jahre-aktien-renditen-das-dax-rendite-dreieck-des-deutschen-aktieninstituts-stand-dezember-2019; abgerufen am 12.06.2021.

[11] Siehe dazu Wikipedia „Heuschreckendebatte"; Link: https://de.wikipedia.org/wiki/Heuschreckendebatte; abgerufen am 12.06.2021.

[12] Weltweite Spekulationsblase mit Technologie- und Internet-Aktien.

wenn sich der Aktienkurs inzwischen etwas erholt hat, liegt er immer noch weit unter den damaligen Höchstkursen. Dadurch haben viele Anleger Geld verloren. Seien wir ehrlich, das kann passieren. Aktienkurse sind trotz aller Forschung und moderner Technik nicht zuverlässig vorhersehbar. Aber wer damals bei der Telekom-Aktie nicht alles falsch gemacht hat und sein Depot streute, langfristig dachte und im Zuge der Börsentalfahrt günstig zukaufte, liegt vermutlich heute mit dem gesamten Wertpapierdepot deutlich im Plus. Wer dagegen aus Frust nach dem Kurssturz verkaufte und sich von der Börse abwandte, für den sind die Verluste endgültig und damit schmerzhaft.

In dem Zusammenhang mag es tröstlich sein, dass Fehleinschätzungen und Misserfolge bei Aktien systembedingt dazugehören. Jeder, wirklich jeder Investor, sogar der erfahrene Profi, ist davon betroffen. Da braucht man nur zu recherchieren, welche aktiven Portfoliomanager beispielsweise unter dem Kurssturz der Wirecard-Aktien litten oder wer den Papieren der Deutschen Bank lange Jahre die Treue gehalten hat.

Auch ich habe im Laufe von 50 Jahren Aktien gekauft, die enttäuscht haben. Gleichzeitig sah ich Papiere in meinem Depot, die stark gestiegen sind, sodass insgesamt die Gewinne die Verluste mehrfach überwogen. Augenzwinkernd kann gesagt werden: Aktien können 1000 % und mehr gewinnen, dagegen nur 100 % verlieren.

Umwege erhöhen die Ortskenntnis oder anders formuliert, aus Fehlern lernt man. Wichtig ist das Anfangen, just do it! Fehler gehören dazu, nur wer nichts tut, macht keine Fehler. Obwohl das bei Aktien bereits der erste Fehler sein könnte …

Mit 5 Cent zum Vermögen

»Felix, schau mal, da liegt eine 5-Cent-Münze.« Oma Silvia zeigte auf den Boden im Eingangsbereich der örtlichen Sparkasse.

Ihr Enkel schien viel mehr von dem überdimensionalen Smartphone im Schaufenster fasziniert zu sein. »Ach, das lohnt doch nicht. Aber hier, schau mal! Zum Geburtstag wünsche ich mir ein iPhone.«

Kopfschüttelnd bückte sich Silvia nach dem Geldstück. »Na dann werde ich eben selbst reich.«

»Mit dem Klimpergeld?«, spöttelte Felix lachend, packte die Hand seiner Oma und versuchte, sie zum Eisstand an der nächsten Ecke zu ziehen.

»Wenn du jeden Tag 5 Cent beiseitelegen würdest und später in Aktien investierst, könntest du dich als Rentner eines fernen Tages über 50.000 Euro freuen.«

»Wow! Krass! Damit könnte ich mir viele iPhones kaufen«, staunte Felix.

5. Aktien – ja klar!

Warum das mühsam Ersparte mit Magerzinsen oder gar negativen Zinsen (Verwahrentgelt) anlegen? Die Geldentwertung höhlt mit der Zeit die Rücklagen aus, falls sie nicht vermehrt werden. Auch wenn die offizielle Inflation gering ist, durch die Notenbankpolitik der Geldvermehrung wird nominelles Geldvermögen entwertet. Nur echte Werte wie Immobilien, Gold oder andere Sachwerte können davor schützen. Unternehmen, die Jahr für Jahr Gewinne erwirtschaften, die werthaltiges Vermögen wie Gebäude, Fabrikationsanlagen oder Lizenzen besitzen, eine eingespielte Organisation mit Experten und motivierten Mitarbeitern aufgebaut haben, sind als Beteiligungspapiere im weiteren Sinne Sachwerte. Es lohnt sich, die Aktivseite einer Bilanz eingehender zu betrachten. Alles, was da steht, abzüglich der Schulden auf der Passivseite, gehört bei Aktiengesellschaften den Aktionären.

In den letzten Jahrzehnten konnte für Aktienanlagen eine sehr gute Performance beobachtet werden. Das Deutsche Aktieninstitut (DAI) hat für deutsche Aktien ausgerechnet, wie sich die Rendite durchschnittlich in verschiedenen Zeiträumen der Vergangenheit entwickelte:

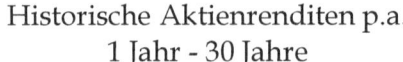

Historische Aktienrenditen p.a.
1 Jahr - 30 Jahre

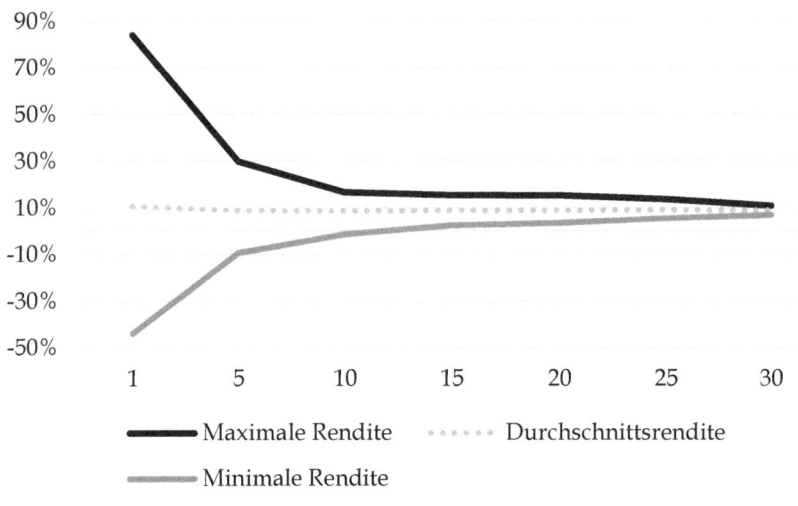

Quelle: Deutsches Aktieninstitut e.V.(www.dai.de); Stand Dezember 2020[13]; eigene Darstellung.

Nehmen wir zum Beispiel den Anlagezeitraum von 15 Jahren, dann ergab sich zum Jahresende 2020 eine jährliche durchschnittliche Rendite von 8,9 %, und selbst im schlechtesten 15-Jahreszeitraum betrug die jährliche Rendite 2,3 %, was zudem so gedeutet werden kann, dass bei einer Anlagedauer von über 15 Jahren das Risiko, einen Verlust zu erleiden, nicht mehr vorhanden war.

Es gibt auch kritische Stimmen zu den Auswertungen des DAI. Zunächst geben die vergangenheitsorientierten Zahlen keine Garantie, dass sich die dargestellten Renditen in der Zukunft wiederholen. Es ist aber plausibel anzunehmen, dass Unternehmen, die Gewinne

---

[13] Link: https://www.dai.de/rendite-dreiecke/#/rendite-dreiecke/dokumenttitel/50-jahre-aktien-renditen-das-dax-rendite-dreieck-des-deutschen-aktieninstituts-stand-dezember-2019; abgerufen am 12.06.2021.

erwirtschafteten, dies auch zukünftig tun können und damit Werte schaffen, von denen deren Eigentümer (= Aktionäre) durch Dividenden und Kursgewinne profitieren werden.

Weiter wird kritisiert, dass die Aktienrenditen vom DAI ohne Berücksichtigung von Inflation, Kosten und Steuern berechnet wurden[14]. Trotzdem sind die Zahlen meines Erachtens aussagekräftig und belastbar, da diese drei Faktoren ebenso auf andere Kapitalanlagen wirken, daher kein spezifisches Problem der Aktienanlage darstellen.

Es ergäbe sich ein anderes Bild, wenn wir den Betrachtungszeitraum über die Nachkriegszeit hinaus erweiterten. Das 20. Jahrhundert hat mit zwei Weltkriegen und Hyperinflationszeiten Phasen gehabt, in denen Aktienanlagen sehr lange Zeit brauchten, um Verluste aufzuholen. Sollten solche schrecklichen Zeiten in Zukunft noch einmal wiederkehren, ist es wahrscheinlich, dass das Verlustrisiko bei Aktien deutlich steigt[15]. Es ist anzunehmen, dass im Zuge solcher Krisen viele andere Anlageformen ebenfalls leiden werden. Neben Krieg und Inflation können ferner Naturkatastrophen, Terror- oder Cyberanschläge zu Verwerfungen in der Wirtschaft führen, bis hin zu Bank- und Staatspleiten, sodass eine Vielzahl oder alle Anlageformen wesentlich an Wert verlören. Aus heutiger Sicht abzuschätzen, welche Kapitalanlageart in einem extremen Krisenumfeld relativ am wenigsten verlieren würde, ist reine Spekulation.

Gehen wir gedanklich zurück zu einem Szenario ohne extreme Krisen. Es ist zu befürchten, dass die zukünftigen Renditen am Aktienmarkt niedriger sein werden als in der Vergangenheit. Den Grund sehe ich im Wesentlichen darin, dass die Renditeerwartungen bei Zinsanlagen wie Anleihen und Bankeinlagen drastisch abgenommen haben. Die verschiedenen Anlageformen stehen im

---

[14] Siehe dazu Kirchner, Christian: Die Möhre vor den Rüben der Aktionäre: Der Dax, 23. November 2018 in seinem Blog menschen.zahlen.sensationen; Link: https://menschenzahlensensationen.wordpress.com/2018/11/23/die-moehre-vor-den-rueben-der-aktionaere-der-dax/; abgerufen am 12.06.2021.
[15] Siehe Kirchner, Christian, ebenda.

Wettbewerb zueinander, sodass niedrigere Renditen am Zinsmarkt Auswirkungen auf den Aktienmarkt und den Immobilienmarkt haben. Bildlich formuliert rutscht die ganze Renditekurve über alle Risikostufen hinweg nach unten. Aber die Aktienrenditen sollten langfristig höher als die Renditen von Anleihen sein[16].

Fazit: Aktien waren, sind und bleiben eine interessante Anlageform, was insbesondere dann gilt, wenn es gelingt, die Risiken der Aktienanlage zu verringern (siehe Kapital 8b).

Es ist wie mit dem Auto- oder Fahrradfahren: Auch bei der individuellen Mobilität kommen die Vorteile besonders dann zur Geltung, wenn es gelingt, die höheren Unfallrisiken durch Schutzmaßnahmen und eine sichere Fahrweise zu vermeiden.

---

[16] Aktienrenditen haben sog. Risikoprämien, siehe dazu Stehle, Richard: Die Risikoprämie von Aktien in den letzten 118 Jahren; Link: https://www.eberbacher-kreis.de/downloads/; abgerufen am 12.06.2021.

Ohne Arbeit leben?

Felix saß am Küchentisch und kaute lustlos auf einer kalten Pizza vom Vortag herum, als Oma Silvia hereinkam. »Mama und Papa sind nie zu Hause!«, beschwerte sich der Junge und legte das angebissene Stück auf die Resopalplatte.

»Aber dafür bin ich doch bei dir, während Mama in ihrer Arztpraxis arbeitet und Papa Geld verdient«, versuchte Oma Silvia, ihn zu trösten.

Felix kippelte mit dem Stuhl. »Mir ist stinklangweilig!«

»Sind denn deine Hausaufgaben erledigt?«, wollte Oma Silvia wissen.

»Musst du eigentlich nicht arbeiten, Oma?« Indem er nach vorne schwang, bekamen alle vier Stuhlbeine wieder Bodenkontakt und er selbst so viel Schwung, dass seine linke Hand zum Pizzarest glitt, um ihn mit den Fingern direkt in das Maul von Benno zu schnippen. Der Labrador hatte den Geruch schon seit Stunden auf dem Radar und schmatzte jetzt zufrieden.

»Doch, immer wenn ich mit dir für die Schule lerne«, meinte Oma Silvia augenzwinkernd.

»Oma, jetzt lenk nicht vom Thema ab. Ich kann mich nicht erinnern, dass du je richtig gearbeitet hast.«

»Doch, Schatz, früher, als ich jung war, bin ich während des Studiums als Stewardess um die Welt geflogen. Als dann deine Mutter geboren wurde, bin ich zu Hause geblieben.«

»Und woher hast du Geld fürs Essen und Smartphones gehabt?«

»Ach, Felix, dein Opa war Flugkapitän und hat gut verdient. Vor allem aber habe ich mein Geld in Aktien angelegt, auch die Lebensversicherungssumme, als dein Opa starb.«

»Kann man von Aktien denn leben?« Felix schaute seine Oma erwartungsvoll an.

»Ja klar geht das, wenn man früh genug anfängt und das Geld in Ruhe arbeiten lässt.«

»Denkst du noch oft an Opa?« Obwohl Felix seinen Opa nie kennengelernt hatte, fühlte er, dass seine Oma ihn vermisste.

»Ja, mein Kind. Irgendwann werden wir uns wiedersehen. Aber erst mal bin ich froh, dass es dich gibt.«

6. Spekulieren oder investieren?

> *Wohl dem, der sagen darf:*
> *Der Tag der Aussaat war der Tag der Ernte!*
> *Marie von Ebner-Eschenbach*

Wenn Sie nun Aktien kaufen wollen, um sie nach ein paar Wochen, Tagen oder gar Stunden wieder mit Gewinn zu verkaufen, wünsche ich Ihnen viel Glück. Denn das werden Sie brauchen! Ob ein Aktienkurs am nächsten Tag steigt oder fällt, gleicht einem Münzwurf. Zuverlässige Prognosen über kurzfristige Kursveränderungen sind schwer zu finden, möglicherweise gibt es sie gar nicht. Grund für die Skepsis ist einerseits meine langjährige Beobachtung, andererseits verweise ich auf die Erkenntnisse von Wissenschaftlern wie Eugene Fama, immerhin Nobelpreisträger. Er vertritt die These vom effizienten Markt, in dem jeweils alle relevanten und verfügbaren Informationen im Aktienkurs enthalten seien[17]. Frei nach dem Motto: Die beste Kursprognose ist der aktuelle Kurs.

Dazu eine kleine Episode: Geht ein Professor mit einem seiner Studenten über den Campus. »Da auf dem Boden liegt ein 100-Dollar-Schein, Herr Professor.« Der Angesprochene, es hätte Eugene Fama sein können, bleibt gelassen. »Bemühe dich nicht! Würden da wirklich 100 Dollar liegen, wären sie schon nicht mehr da.«[18]

Ich habe die Erfahrung gemacht, dass die kurzfristige Kursentwicklung einer Aktie nicht berechenbar ist. Da spielen Gefühle wie Angst und Panik oder Zuversicht und Gier eine Rolle. Auch das Phänomen des Zufalls beeinflusst den Erfolg oder Misserfolg an der

---

[17] Fama, Eugen: „Es gibt keine Blasen an den Märkten" in FAZ vom 17.10.2013, Seite 10.
[18] Frei nach „Finanz-Blasen und der effiziente Markt", NZZ vom 25.07.2009.

Börse oft stärker, als wir uns das vorstellen[19]. Betrachten wir als Beispiel die Kursentwicklung der Bechtle-Aktie in den ersten beiden Quartalen des Jahres 2020:

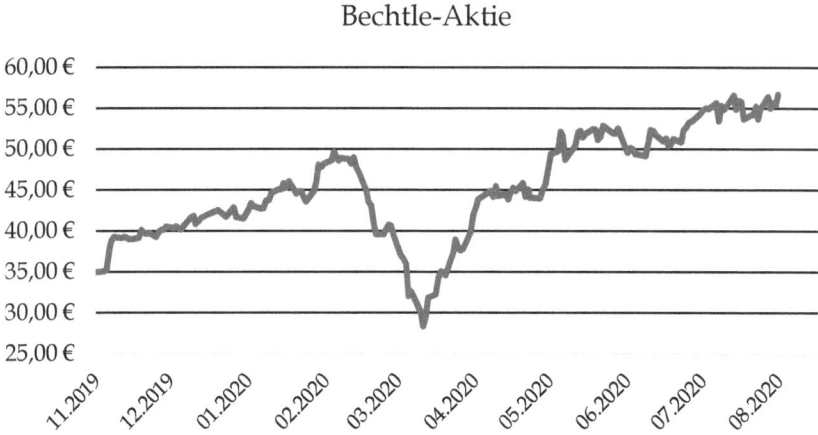

Daten boerse-frankfurt.de[20]; Schlusskurse Xetra; eigene Darstellung.

Dem Absturz im Februar und März um zeitweise über 40 Prozent folgten im Mai bereits neue Höchstkurse. Mit fundamentalen Faktoren, die die zukünftigen Erfolgskennzahlen des Unternehmens beeinflussen, ist diese v-förmige Kursentwicklung nicht plausibel erklärbar. Der vorübergehende Kursrückgang stand vielmehr im Zusammenhang mit der Corona-Pandemie und der Angst vor einer handfesten Wirtschaftskrise. Da Bechtle aber in Handel und Dienstleistungen rund um die IT-Infrastruktur tätig ist, war der Kursrückgang im März übertrieben. Denn Bechtle profitierte und profitiert faktisch von dem pandemiebedingten Schub der Digitalisierung.

---

[19] Siehe dazu: Taleb, Nassim Nicolas: Narren des Zufalls. Die unterschätzte Rolle des Zufalls in unserem Leben. München: btb Verlag, 2013.
[20] Bereinigt um Aktiensplits.

Obwohl oder gerade weil kurzfristige Prognosen von Aktienkursen herausfordernd sind, hat sich in der Fachwelt in den letzten Jahrzehnten eine Vielzahl an Instrumenten entwickelt. Indikatoren, Kennzahlen, Algorithmen und das weite Feld der Chartanalyse sollen den Ausblick schärfen. Bei der Chartanalyse werden aus den historischen Kursbildern Erkenntnisse über den zukünftigen Verlauf gewonnen. Für mich wäre das, als ob ein Autofahrer mit Blick in den Rückspiegel von Hamburg nach Berlin fahren wollte.

Oder stellen Sie sich einen Landwirt vor, der nicht ans Säen, Pflegen und Wässern denkt, sondern gleich ernten will. So ähnlich fokussieren sich Trader (kurzfristige Aktienhändler, Spekulanten) auf schnelle Gewinne. Für eine ertragreiche Ernte braucht es dagegen viel Arbeit und es fließt Schweiß, bevor Früchte die Mühe belohnen. Bei Aktien ist das die Zeit, um das Kapital im Unternehmen arbeiten zu lassen.

Der langfristige Aktienanleger handelt nachhaltiger. Er profitiert von den Gewinnen, die das Unternehmen im Laufe der Zeit erwirtschaftet. Diesen Anlegertyp nennt man auch Daueranleger oder Investor. Er hält die Aktien in guten wie in schlechten Tagen.

Ein öffentlich bekannt gewordenes Beispiel ist die Bankierswitwe Gertrud Kassel, die das Portfolio ihrer ererbten Aktien entgegen vielen Ratschlägen nie verändert hat. Ihr Mann hinterließ ihr 1975 ein breit gestreutes Aktiendepot im Wert von 4 Millionen Mark. Bis zu ihrem eigenen Todestag im Jahre 2007 wuchs der Wert auf 33 Millionen Euro an[21][22].

---

[21] Vgl.: „Wie eine Bankierswitwe zu Reichtum kam" vom 19.12.2019 auf www.boerse.ard.de; Link inzwischen inaktiv.
[22] Weitere Informationen auf der Homepage der Alfons und Gertrud Kassel-Stiftung.

Nach dem Gipfel geht es weiter

Nachdem sie einen Schluck Apfelsaftschorle getrunken hatte, holte Silvia tief Luft und konnte endlich den Blick vom Gipfel des Leonhardsteins genießen. Sie saß auf einem mitgebrachten Polster und freute sich, den Aufstieg geschafft zu haben. Ein wolkenloser Sonntag im Mai hatte sie in die Berge gezogen.

Felix, ihr inzwischen 13-jähriger Enkel, wollte unbedingt mit und lehnte nun am Gipfelkreuz. »*Dieses Auf und Ab der Berge erinnert mich an die Kursentwicklung von Aktien, findest du nicht auch, Oma?*« *Seit seinem letzten Geburtstag hatte sein Smartphone ernst zu nehmende Konkurrenz bekommen. Das Thema Aktien hatte ihn gepackt, nachdem Oma Silvia ihm eine BASF-Aktie samt Depot geschenkt hatte.*

»*Mhm, ja schon, in gewisser Weise. So habe ich das Bergpanorama noch gar nicht gesehen. Aber im Gegensatz zu Bergen können Aktien immer weiter wachsen.*« *Sie lachte verschmitzt.*

Felix biss in seine Leberkässemmel, die ihm hörbar schmeckte. »*Das wäre ja auch saublöd, dann hätten wir selber auch noch höher kraxeln müssen!*«

»*Das machen wir nächstes Wochenende.*« *Silvia zeigte in Richtung Roß- und Buchstein.* »*Dort können wir in der Tegernseer Hütte eine Brotzeit machen.*«

7. Zwei Schritte, um Aktien zu kaufen

1. Schritt: Wertpapierdepot

Wichtigste Voraussetzung ist, ein Wertpapierdepot bei einer Bank zu eröffnen. Dort werden Wertpapiere wie zum Beispiel Aktien, Anleihen und Fondsanteile verwahrt. Das ist ganz einfach: Die eigene Bank hilft dabei, entweder persönlich im Beratungsgespräch oder online auf der Homepage des Anbieters. Achten Sie bei der Auswahl auf die Sicherheit (Bonität, Sitz der Bank), die Handhabung der Ordererteilung und die Kosten (Depotkosten, Orderkosten). Hilfestellung können Testergebnisse und Berichte bieten, beispielsweise von Finanztip, Stiftung Warentest oder Finanzzeitschriften.

2. Schritt: Erteilung eines Kaufauftrages

Haben Sie sich für eine Filialbank entschieden, können Sie zum Berater vor Ort gehen und sich beraten lassen. Da die regulatorischen Vorschriften für die Banken recht umfangreich geworden sind, wird das mittlerweile nicht mehr jede Bank für jeden Kunden anbieten können und der Kunde muss in diesem Fall selbst wissen, was er kaufen möchte. Für die Ordererteilung gibt es verschiedene Wege: Persönlich beim Berater, telefonisch oder online.

Bei Direktbanken und Onlinebrokern erfolgt die Ordererteilung in der Regel nur online oder telefonisch.

Welche Angaben werden für den Aktienkaufauftrag benötigt?

- Wertpapierkennnummer

- Name der Aktie

- Stückzahl

- Handelsplatz

- Billigst oder mit Kurslimit

Für die Wertpapierkennnummer gibt man in eine Suchmaschine oder Suchmaske im Online-Banking den Namen der Aktiengesellschaft und das Stichwort *Aktie* ein; zum Beispiel *Adidas-Aktie*. Weiter in den Suchergebnissen das Passende auswählen, dabei genau darauf achten, dass die richtige Aktie gewählt wird, denn in den angebotenen Suchergebnissen können sich auch andere Wertpapiere im Zusammenhang mit der Adidas-Aktie befinden (z. B. Derivate). Auch gibt es bei einigen Unternehmen mehrere Arten von Aktien. Bei Adidas ist A1EWWW die richtige Wertpapierkennnummer und DE000A1EWWW0 die Internationale Wertpapierkennnummer (ISIN). Weiter wird der aktuelle Kurs mit zum Beispiel 277,10 Euro angezeigt, und man kann sich ausrechnen, wie viel Stück man kaufen muss, um beispielsweise 8000 Euro zu investieren. Das wären in dem Beispiel 28,87 Stück. Da nur ganze Stückzahlen geordert werden können, gilt es auf- oder abzurunden. Zusammen mit einem Preislimit von 260 Euro könnte etwa eine Stückzahl von 30 geordert werden, und man bliebe zusammen mit den Gebühren knapp unter 8000 Euro. Natürlich nur, falls das Limit erreicht wird. Andernfalls bleibt der Anlagebetrag auf dem Verrechnungskonto.

Am Handelsplatz wird der Wertpapierauftrag ausgeführt. Meist ist das eine Börse, es kann aber auch eine Bank sein, die einen Handel mit Aktien anbietet. Beim Handelsplatz ist es ratsam nachzusehen, wie rege ein Wert gehandelt wird. Falls kaum ein Handel stattfindet, ist das Risiko groß, lange oder vergeblich auf die Ausführung zu warten. Ein weiterer Vorteil eines häufigen Handels besteht darin, dass ein besserer Ausführungspreis erwartet werden kann. Der Markt ist in diesem Falle liquider, ein Ausdruck, den die Börsianer verwenden, und damit liegen Ankaufskurs (= Geldkurs) und Verkaufskurs (= Briefkurs) näher beieinander.

Die Liquidität des Handels kann man von der Bank erfahren, am Bildschirm beim Onlinehandel einsehen oder bei Finanzportalen im Internet (z. B. onvista.de) abfragen.

Bei der Wahl des Handelsplatzes können zudem die Kosten eine Rolle spielen. Diese muss die Bank vor Ordererteilung dem Kunden mitteilen. Im Online-Banking sind die Orderkostendetails nach Eingabe des Auftrages abrufbar, erst danach erfolgt die Orderfreigabe durch den Kunden. Es besteht somit die Möglichkeit, quasi als Trockenübung, mit einer Order die Kosten der verschiedenen Handelsplätze zu simulieren.

Bei Aktien, die selten oder im außerbörslichen Handel[23] gehandelt werden, empfiehlt es sich, die Order mit einem Preislimit zu versehen. Der Kunde gibt damit vor, bis zu welchem Kurs er höchstens kaufen möchte - oder welcher Kurs beim Verkauf mindestens erzielt werden muss. In der Praxis führt das oft dazu, dass nahe am Limit-Kurs abgerechnet wird. Oder die Order verfällt.

Das Limit kann tagesgültig gegeben werden oder bis zu einem Monatsultimo. Falls der Kunde nicht limitiert, wird die Order „billigst" (Kauf) oder „bestens" (Verkauf) erteilt. Aber Vorsicht! Entgegen der wörtlichen Bedeutung kann sich der Kunde nicht darauf verlassen, dass er beim Kauf den „billigsten" Kurs bekommt. Der Handel wird zum nächstmöglichen Kurs, zu dem ein Handel mit einem Verkäufer möglich war, abgerechnet. Mit einem Limit vermeidet man eine Enttäuschung, indem man klar vorgibt, zu welchem Preis man handeln möchte. Setzt man beim Kauf den Preis sehr niedrig an, kann es natürlich vorkommen, dass sich kein Verkäufer findet und die Order unausgeführt gelöscht wird. Ist das Limit hoch, kann es sein, dass man zu teuer kauft.

Ich habe in meiner Anlegerpraxis mit länger laufenden Limitierungen gute Erfahrungen gemacht. Die Preise setze ich beim Kauf oft deutlich unter dem aktuellen Kurs an, damit ich mich bei der Ausführung über ein „Schnäppchen" freuen kann. Beim Verkaufsauftrag limitiere ich realistischer, da ich ausschließlich

---

[23] Kauf oder Verkauf direkt bei einer Bank, einem Handelsunternehmen oder einer Handelsplattform, also nicht über eine klassische Börse.

verkaufe, wenn es gute Gründe dafür gibt. In diesem Fall möchte ich eine möglichst rasche Ausführung sehen.

Eine weitere Variante, Aktien zu kaufen und zu verkaufen, ist der Direkthandel, auch Soforthandel genannt. Gibt der Kunde seine konkreten Handelswünsche in die Ordermaske am Bildschirm ein, wird ihm ein verbindlicher Preis angeboten, den er innerhalb von ein paar Sekunden annehmen kann. Der Vorteil ist die volle Transparenz der Konditionen vor Auftragserteilung. Allerdings erfordert diese Variante vom Kunden eine fundierte Kenntnis der aktuellen Aktienkurse und Marktbedingungen.

Eigentlich fehlt zum erfolgreichen Aktienkauf nur noch ein wesentlicher Schritt: Welche Aktien sollen gekauft werden? In den folgenden Kapiteln erhalten Sie dazu Informationen und Denkanregungen.

8. Die fünf Erfolgsfaktoren der Aktienanlage

8 a. Erfolgsfaktor 1: Qualität kaufen

> *Qualität bleibt bestehen, wenn der Preis längst vergessen ist.*
> *Harry Gordon Selfridge*

Weltweit gibt es über 50.000[24] handelbare Aktien. Bei so einem breiten Angebot sollte für den langfristig orientierten Investor etwas dabei sein. Wie kann bei der Auswahl vorgegangen werden? Welche Faktoren sind wichtig? Welchen Unternehmen wollen Sie Ihr Geld anvertrauen?

Warren Buffett, ein berühmter, zugleich erfolgreicher Börseninvestor, betonte, dass eine fundierte Analyse unverzichtbar ist. Ziel sollte sein zu verstehen, wie das Unternehmen arbeitet und wodurch der Gewinn erzielt wird; zu erkennen, inwieweit es am Markt etabliert ist, ob gute Aussichten in der Zukunft bestehen; und zu recherchieren, wie hoch der Wert der Aktiengesellschaft ist[25].

Eine nützliche Analyse kann auch jemand anstellen, der nicht Wirtschaftswissenschaften studiert hat. Nachfolgend versuche ich, Ihnen ein paar Anregungen zu geben, wie diese Recherche ganz locker nebenher in den Alltag eingebaut werden kann. Mit der Zeit werden Sie erfahren, dass es Spaß machen kann, in eine andere Welt einzutauchen.

---

[24] Quelle: börse-online.de; Link: https://www.boerse-online.de/nachrichten/aktien/haetten-sie-es-gewusst-so-viele-boersennotierte-unternehmen-gibt-es-weltweit-1028465781; abgerufen am 12.06.2021.
[25] Vgl. u.a. bei Gaulke, Jürgen: Die Goldfinger. Die Investmentstrategien der erfolgreichsten Geldanleger. Hamburg: Hoffmann und Campe 1997.

Mit einem wachen Blick auf sein persönliches Umfeld kann jeder beginnen. Welche Produkte und Dienstleistungen kommen bei der Familie, Freunden und Bekannten gut an? Wer ist gerade begeistert von einem Unternehmen, wo werden zufriedene Kunden beobachtet und wer spricht positiv über seinen Arbeitgeber? Wenn man selbst einen BMW fährt, eine Spülmaschine von Siemens gekauft hat und zufriedener Kunde der Allianz-Versicherung ist, kann man auch deren Aktie kaufen. Offen für Neues zu sein hilft, neue Technologien zu entdecken, bei Trends und Modeerscheinungen zu prüfen, inwieweit sie aktuell und zukünftig Menschen dazu veranlassen, ein Produkt zu kaufen oder eine Dienstleistung in Anspruch zu nehmen. Der „angebissene Apfel" aus den USA zeigt, wie ein Unternehmen mit hochpreisigen Produkten, attraktiven Margen und einem Knappheitsmarketing viel Geld verdienen konnte. Spätestens als mein damals 14-jähriger Sohn 2010 in New York unbedingt im Apple-Store Schlange stehen wollte, wusste ich, dass diese Aktie exzellente Chancen hat.

Weiter kann beispielsweise recherchiert werden, wie Unternehmen mit Kunden umgehen. Da kann es vorkommen, dass ich eine E-Mail an den Kundenservice richte. Reagiert das Unternehmen? Hilft die Antwort weiter, habe ich das Gefühl, dass ich als Kunde ernst genommen werde, oder werde ich mit standardisierten Textbausteinen abgespeist?

Wer managt das Unternehmen? Welche Ansichten haben die Spitzenmanager? Das ist natürlich nicht so leicht herauszufinden. Vielleicht gibt es im Internet ein Video mit einer Rede oder einem Interview. Redet sie oder er verständlich und faktenbasiert? Oder sind viele nichtssagende Worthülsen enthalten? Denkt die Führungskraft von Quartal zu Quartal, oder verfolgt sie einen nachhaltigeren Ansatz?

Ein positives Beispiel ist die Bechtle AG, IT-Dienstleister, mit Dr. Thomas Olemotz. Seit 2009 Vorstandschef, wird er vermutlich noch ein paar Jahre im Dienst bleiben, denn zu beeindruckend ist seine Erfolgsbilanz. Von der Frankfurter Allgemeinen Zeitung wird er in einem Artikel vom 19. März 2021 als „bodenständig, beharrlich, langfristig orientiert, durchaus auch vielseitig, aber ohne Glamour, ohne Show"[26] beschrieben.

Vor ein paar Jahren ist Xerox, ein namhaftes amerikanisches Technologie- und Dienstleistungsunternehmen, durch einen Skandal medial aufgefallen. Bei einigen Scan-Kopiergeräten wurden Zeichen falsch wiedergegeben. Das fiel den Nutzern zunächst nicht weiter auf, bis David Kriesel, ein deutscher Informatiker[27], die Tragweite erkannte und mit der Firma Kontakt aufnahm[28]. Nachdem Xerox nicht angemessen mit dem Problem umging, machte er die Sache publik. Immerhin wurden weltweit unzählige Dokumente falsch gescannt und damit auch kopiert. Es stellte sich heraus, dass Xerox das Problem seit Jahren kannte, jedoch lediglich kosmetisch zu beheben versuchte[29]. Für die Aktienanalyse relevant ist der Fall, weil er zeigt, wie die Firma mit Fehlern umgeht. Die Kunden wurden nicht umgehend informiert (gewarnt) und der Fehler wurde nicht sofort beseitigt, sondern es stellt sich für den Außenstehenden so dar, dass die Angelegenheit vertuscht und/oder verharmlost werden sollte. Nur durch das Engagement eines Einzelnen flog diese Strategie auf. Das Vertrauen, das für eine nachhaltige Kundenzufriedenheit und die Überzeugung von potenziellen Investoren nötig ist, wurde durch das Verhalten des Unternehmens beschädigt. Somit ist es kein Wunder, dass die historische Kursentwicklung der Aktie keine Erfolgsgeschichte zeigt.

---

[26] FAZ vom 19.03.2021; Link: https://www.faz.net/aktuell/wirtschaft/digitec/thomas-olemotz-steigerte-bechtles-wert-um-1800-prozent-17251952.html; abgerufen am 12.06.2021.
[27] Siehe Wikipedia; Link: https://de.wikipedia.org/wiki/David_Kriesel; abgerufen am 12.06.2021.
[28] Vgl. Kriesel, David: Traue keinem Scan, den du nicht selbst gefälscht hast, Youtube; Link: https://www.youtube.com/watch?v=7FeqF1-Z1g0; abgerufen am 12.06.2021.
[29] Vgl. Jehle, Christoph: Xerox-Software verändert eingescannte Zahlen, 07. Februar 2018, in Telepolis; Link: https://www.heise.de/tp/features/Xerox-Software-veraendert-eingescannte-Zahlen-3961586.html; abgerufen am 12.06.2021.

Warum sollte ein Investor ausgerechnet diesem Unternehmen sein Geld anvertrauen? Weil der Kurs so günstig erscheint? Das ist bei vielen anderen Aktien ebenso der Fall.

Ein weiteres Beispiel ist ein bekannter Konzern, dessen hochpreisige Produkte beim Auspacken einen sonderbaren Geruch entfalteten und beim Tragen auf der Haut kratzten. Meine Schreiben mit Fragen zur Aktie und den Usancen der Dividendenzahlung blieben unbeantwortet. Dieses Beispiel ist zugegeben subjektiv und von meiner Einzelfallbetrachtung auf das ganze Unternehmen zu schließen, ist möglicherweise unfair und falsch. Deswegen habe ich den Namen des Unternehmens nicht genannt. Bei der großen Auswahl an anderen Aktien halte ich persönlich diese Vorgehensweise jedoch für sinnvoll. Das Ziel ist, solche missliebigen Unternehmen rasch bei der Analyse auszusortieren, um Zeit und Nerven zu sparen. Sollte ich mich geirrt haben, verpasse ich im schlimmsten Fall eine günstige Investitionsgelegenheit.

Weiter möchte ich warnen vor Aktiengesellschaften, deren Reporting nicht zuverlässig ist. Falls Bilanzzahlen manipuliert werden oder es einen in diese Richtung gehenden Verdacht gibt: Finger weg! Auch wenn solche Investments hohe Chancen bieten können, falls der Kurs sich nach Revision der Anschuldigungen stark erholt, ist und bleibt das Risiko hoch - für mich zu hoch. Ohne Vertrauen in das Rechenwerk kann keine vernünftige Analyse gemacht werden.

Die Aktien des amerikanischen Energiegiganten Enron, der mit Betrug und Manipulation 2001 viele Anleger geprellt hat, ist ein warnendes Beispiel. Ferner zeigt der Fall der Wirecard AG, dass Vorsicht vor größerem Schaden bewahren kann. Hier gab es frühzeitig Warnzeichen durch Zeitungsartikel in der Financial Times[30] und die Tatsache, dass das Unternehmen bei Nachhaltigkeitskriterien

---

[30] Vgl. Jacobsen, Nils: Der späte, aber große Triumph der Financial Times vom 26.06.2020 auf meedia; Link: https://meedia.de/2020/06/26/wirecard-pleite-der-spaete-aber-grosse-triumph-der-financial-times/; abgerufen am 19.07.2021.

patzte[31]. Natürlich ist es als Privatanleger schwierig bis unmöglich, schlauer als die Wirtschaftsprüfer zu sein, die in beiden Fällen die Bilanzen testierten. Allemal möglich ist es aber, bei aufkommenden Zweifeln, die in den Medien publik werden, vorsichtshalber die Aktie zu meiden.

Es gibt viele andere attraktive Aktien von Unternehmen, die auf Qualität achten: Zuverlässigkeit der Berichterstattung, respektvoller Umgang mit Mitarbeitern, begeisterte Kunden, langlebige Produkte, nachhaltige Betriebsführung, kundenorientierter Service; all das ist für mich ein Zeichen von Qualität. Ich nenne diese Aktien nachfolgend Qualitätsaktien. Sie repräsentieren ein solides Investment, das Kapital arbeitet und erwirtschaftet regelmäßig Gewinn, schafft Werte und bietet den Kunden einen echten Nutzen. Im Idealfall erfüllen die Qualitätsaktien ebenfalls Nachhaltigkeitskriterien (mehr dazu in Kapitel 9).

Ein weiteres wichtiges Kriterium für Qualitätsaktien ist eine stabile Gewinnentwicklung des Unternehmens. Hat das Unternehmen in den vergangenen Jahren Gewinn gemacht und ist der Gewinn von der Tendenz her gestiegen? Unter den DAX-Aktien ist das beispielsweise SAP in den letzten 20 Jahren gelungen[32]. Auch wenn noch Verlust ausgewiesen wird, kann eine Aktie interessant sein. Dann müssen andere Faktoren (beispielsweise eine vielversprechende Produktpipeline oder künftig wegfallende Belastungen) dafür sprechen, dass das Unternehmen in der Zukunft Gewinn machen wird. Denn der Gewinn ist das wichtigste Kriterium für die Werthaltigkeit einer Aktie[33]. Wird der Gewinn in Beziehung zum

---

[31] Siehe dazu den Artikel in Fonds professionell vom 30.06.2020 „Portfoliomanager: ESG-Ansatz hätte Anleger vor Wirecard-Gau bewahrt"; Link: https://www.fondsprofessionell.de/news/unternehmen/headline/portfoliomanager-esg-ansatz-haette-anleger-vor-wirecard-gau-bewahrt-198699/; abgerufen am 28.07.2021.

[32] Quelle: FAZ vom 07.07.2021, S. 22.

[33] Lesenswerter Artikel zum Thema Gewinn, Simon, Herrmann: „Es gibt nur einen richtigen Gewinn", FAZ vom 21.09.20.

Kurs gesetzt, entsteht das Kurs-Gewinn-Verhältnis (KGV), eine der wichtigsten Kennzahlen der Aktienanalyse.

$$KGV = \frac{\text{Kurs einer Aktie}}{\text{Gewinn je Aktie}}$$

Je niedriger der Quotient, desto besser. Aber Vorsicht! Das KGV ist entweder veraltet (Basis: Bilanzzahlen) oder beruht auf Schätzungen von Analysten. Die Werte der Analysten beeinflussen bei Veröffentlichung sofort den Kurs. So führen vorhergesagte Gewinnsteigerungen zu Kursgewinnen, obwohl die Gewinne noch gar nicht realisiert wurden. Das bedeutet, dass in den Kursen Hoffnungen und Befürchtungen enthalten sind. Das erinnert wieder an Eugene Fama mit seiner These vom effizienten Markt. Sie besagt, dass alle am Markt verfügbaren Informationen im Aktienkurs berücksichtigt sind. Wenn Eugene Fama recht haben sollte, besteht an der Börse jederzeit die Möglichkeit, Qualitätsaktien zum fairen Preis zu kaufen. Die Überzeugung, nicht übervorteilt zu werden, kann besonders bei Anfängern ein beruhigendes Gefühl stiften.

Betrachten wir weiter die Substanz einer Aktiengesellschaft. In Fachpublikationen wird darauf verwiesen, bei der Aktienanalyse auf das Eigenkapital, beziehungsweise die Eigenkapitalquote zu achten[34]. Einfach formuliert lautet der Ansatz, dass Eigenkapital das Investment sicherer macht; je mehr Schulden ein Unternehmen hat, desto krisenanfälliger wird es. Umgekehrt verhält es sich mit der Rentabilität auf das eingesetzte Eigenkapital. Ist das Unternehmen rentabel, dann erhöht mehr Fremdkapital die Rendite auf das Eigenkapital. Vorsichtige Anleger bevorzugen mehr Eigenkapital. Eine angemessene Eigenkapitalausstattung ist für mich ein weiteres Kriterium für Qualitätsaktien. Das Eigenkapital stellt den Wert des

---

[34] Siehe u. a. Graham, Benjamin: Intelligent investieren. München: FinanzBuch Verlag, 1998.

Unternehmens dar, der sich aus der Bilanz ergibt (Buchwert). Auf der Aktivseite steht das Vermögen, die Passivseite führt die Schulden (Verbindlichkeiten) sowie das Eigenkapital. Rechnerisch erhält man das Eigenkapital, wenn vom Vermögen die Schulden abgezogen werden. Dieser Buchwert spiegelt wie alle Bilanzwerte lediglich die Vergangenheit wider. Zwar gibt es Schätzungen der zukünftigen Buchwerte[35], aber diese sind naturgemäß unsicher.

Zudem ist bei der Interpretation der Buchwerte zu beachten, inwieweit ein Unternehmen teure Produktionsanlagen oder Immobilien zur Erzielung von Umsatz und Gewinn benötigt. Betrachten wir stellvertretend ein Beratungsunternehmen, das allenfalls ein paar Büromöbel und Computer an Sachanlagen benötigt, weil die Leistung viele hoch qualifizierte Mitarbeiter erbringen, indem sie ihre Kunden beraten. Dieses „Humankapital" wurde üblicherweise nicht als Vermögensgegenstand aktiviert. Betrachten wir im Vergleich dazu ein Unternehmen mit wertvollem Grundvermögen, das trotz stark gestiegener Bodenrichtwerte[36] zu den ehemaligen Anschaffungskosten bilanziert wird. Dadurch können erhebliche stille Reserven entstanden sein, die nicht im Eigenkapital beziehungsweise im Buchwert berücksichtigt sind. In diesem Zusammenhang ist beispielsweise die Aktie von Ludwig Beck am Rathauseck (ISIN: DE0005199905) zu sehen. Das Unternehmen besitzt in München am Marienplatz das Grundstück, auf dem die namensgebende Einzelhandelsimmobilie steht, und bilanziert das Grundstück zum Buchwert von vor circa 20 Jahren[37]. Jüngster Hinweis auf die stillen Reserven erfolgte in den Medien am 9. Mai 2021 durch einen Beitrag der Euro am Sonntag[38].

---

[35] Abzufragen u.a. auf boerse-online.de.
[36] Bodenrichtwerte zeigen den Wert von Grundstücken; sie werden als Kaufpreissammlung geführt und regelmäßig als Durchschnittswert veröffentlicht.
[37] Vgl. Geschäftsbericht 2020 Ludwig Beck; Link: https://kaufhaus.ludwig-beck.de/unternehmen/investor-relations/finanzpublikationen/geschaeftsberichte; abgerufen am 29.07.2021.
[38] Pröbstl, Georg: Ludwig Beck: Sündhaft teure Liegenschaften, Euro am Sonntag vom 09.05.2021; Link: https://www.finanzen.net/nachricht/aktien/euro-am-

Die Aktienanalyse verarbeitet den Buchwert zu einer relevanten Kennzahl, indem er durch die ausgegebene Anzahl der Aktien[39] geteilt wird, um den Buchwert pro Aktie zu erhalten. Dieser Wert wird in Beziehung zum aktuellen Börsenkurs gesetzt.

$$KBV = \frac{\text{Kurs einer Aktie}}{\text{Buchwert je Aktie}}$$

Je niedriger der Wert des **Kurs-Buchwert-Verhältnisses** ist, desto besser. Liegt das KBV unter 1, bedeutet das, dass der Aktienkurs niedriger ist als der Buchwert der Gesellschaft. Das kann eine günstige Kaufgelegenheit anzeigen, muss es aber nicht. Falls der Buchwert in Zukunft sinkt, weil das Unternehmen Verlust macht oder eine Abschreibung der Vermögenswerte droht, dann hat der Aktienkurs diese negative Entwicklung vorweggenommen. Sind die Bilanzwerte stabil und macht das Unternehmen weiter gute Gewinne, dann signalisiert ein KBV von nahe oder gar unter 1 eine günstige Kaufgelegenheit. Mithilfe des Aktienfinders von onvista[40] können Sie Aktien entdecken, die ein attraktives KBV aufweisen. Dabei können weitere Kriterien und Kennzahlen vorgegeben werden, um Aktien herauszufiltern.

Exkurs: Besondere Vorsicht ist angebracht, falls Gesellschaften ein negatives Eigenkapital ausweisen, was bedeutet, dass die Schulden höher sind als das Vermögen der Gesellschaft. Aktuell ist das Phänomen gelegentlich in den USA zu beobachten. Stellvertretend

sonntag-aktien-tipp-ludwig-beck-suendhaft-teure-liegenschaften-10077041; abgerufen am 09.07.2021.

[39] Zu finden in den Berichten der Gesellschaften oder auf Börseninformationsseiten; Link z.B. für die BASF-Aktie: https://de.finance.yahoo.com/quote/BAS.DE/key-statistics?p=BAS.DE&.tsrc=fin-srch; abgerufen am 19.07.2021.

[40] Link: https://www.onvista.de/aktien/finder/; abgerufen am 19.07.2021; weitere Anbieter sind z.B. comdirect, Börse Frankfurt oder S-Broker mit jeweils unterschiedlichem Umfang der Selektionskriterien.

betrachten wir die Aktie von McDonald's Corporation. Das Unternehmen ist und war in den letzten Jahren hoch profitabel, zahlt Steuern und Dividenden, weist jedoch seit 2016 ein negatives Eigenkapital aus[41]. Wie kann das sein? Betriebswirtschaftlich gesehen muss das Eigenkapital bei profitablen Unternehmen zunehmen, außer es wird mehr als der Netto-Gewinn (nach Steuern) an die Aktionäre ausgeschüttet. Da die Dividendenzahlungen von McDonald's geringer als der Gewinn waren, kann es nur an den getätigten Aktienrückkäufen der Gesellschaft liegen. Vereinfacht formuliert hat McDonald's in den letzten Jahren mehr als das gesamte Aktienkapital, das die Aktionäre irgendwann an die Gesellschaft eingezahlt hatten, zurückgezahlt. Dabei ist die Anzahl der umlaufenden Stammaktien von 989,9 Mio. Stück (31.01.2014) auf 745,5 Mio. Stück (31.01.2020) zurückgegangen[42]. Die Aktie gleicht dadurch einem riskanten Hedgefonds, der die Rentabilität für die Aktionäre mit einem Hebeleffekt zu erhöhen versucht. Das hört sich besser an, als es ist, und funktioniert, solange das Unternehmen Gewinn macht. Fallen Verluste an, werden diese ebenso gehebelt, und die Insolvenz droht schneller, als sich manche das vorstellen können.

Eine weitere einfache Kennzahl ist die Dividendenrendite. Sie wird errechnet, indem die erwartete Dividende in Beziehung zum aktuellen Aktienkurs gesetzt wird. Hohe Dividenden können sich auf Dauer nur Unternehmen leisten, die entsprechende Gewinne machen. Allerdings variiert die Ausschüttungsquote[43] je nach Unternehmen. Auf der einen Seite gibt es Unternehmen, die trotz Gewinns keine Dividende zahlen; auf der anderen Seite fällt die Dividende höher als der Gewinn aus, was eine Rückzahlung von

---

[41] Quelle: Morningstar stockreport.
[42] Quelle: McDonald's Corporation Annual Report 2013, S. 7, dto. 2019 S. 5; Link: https://corporate.mcdonalds.com/corpmcd/investors-relations/financial-information/annual-reports.html; abgerufen am 13.06.2021.
[43] Ausschüttungsquote: Wie viel des erwirtschafteten Gewinns als Dividende an die Aktionäre ausgeschüttet wird.

Eigenkapital bedeutet. Im Durchschnitt betrug die Ausschüttungs-quote 2021 für deutsche Aktien rund 42 %[44].

Da die Dividendenrendite kein zuverlässiger Indikator für den Erfolg einer Aktiengesellschaft und deren Gewinnqualität darstellt, ist diese Kennzahl mit Vorsicht zu interpretieren. Zudem wird die Dividendenzahlung vom Aktienkurs abgezogen; unterm Strich profitiert der Aktionär erst, wenn der Kurs den Dividendenabschlag anschließend wieder aufholt.

Eine optisch hohe Dividendenrendite kann sich auch dadurch ergeben, dass der Kurs stark gefallen ist, etwa weil der Produktabsatz drastisch eingebrochen ist. Falls nachfolgend die Dividende gekürzt wird, was gar nicht so selten vorkommt, hat man mit Zitronen gehandelt. Ich persönlich achte lediglich nebenbei auf die Dividende, auch wegen des Nebeneffekts, dass sie bei Zahlung sofort versteuert werden muss. Kursgewinne sind mir lieber als Dividenden.

Eine wichtige Rolle bei der eigenen Analyse sollten die wirtschaftspolitischen Rahmenbedingungen spielen. Sind sie günstig für eine gedeihliche Entwicklung der Unternehmen? Ist die Rechtsordnung mit Gesetzen, deren Überwachung und Durchsetzung so stabil, dass Vertrauen entstehen kann? Vertrauen, insbesondere in den Schutz des Eigentums, damit die Früchte des unternehmerischen Handelns wirklich geerntet werden können? Unterstützt oder behindert die Politik die wirtschaftliche Freiheit? Lassen die Steuern Luft zum Atmen oder sind sie enteignungsgleich? Diese und viele weitere Fragen kann man stellen und im Versuch, sie zu beantworten, die Auswirkungen auf Aktien der Unternehmen überlegen.

Als in der Folge der amerikanischen Sub-Prime-Krise 2008 die Investmentbank Lehman Brothers in den USA insolvent wurde, entwickelte sich eine weltweite Finanzkrise, bei der ganze Staaten (z. B.

---

[44] Quelle: Ausschüttungsquoten der Aktiengesellschaften in Deutschland bis 2021; Veröffentlicht von Statista Research Department, 08.04.2021; Link: https://de.statista.com/statistik/daten/studie/423003/umfrage/ausschuettungsquoten-der-deutschen-aktiengesellschaften/; abgerufen am 19.07.2021.

Griechenland) und viele weitere Banken am Abgrund standen. In der Folge wurde in Deutschland eine strengere Bankenregulierung angegangen, deren Ziel es sein sollte, dass nie wieder Staaten und deren Steuerzahler Banken retten müssten. Ob die neuen Maßnahmen eine erneute Bankenkrise verhindern können, wird die Zukunft zeigen. Wir wissen aber, dass der zusätzliche bürokratische Aufwand an vielen Stellen des Bankgeschäftes die Möglichkeiten, Gewinne zu erzielen, erschwert hat. Dies bremst leider auch den Mechanismus, mit Gewinnen die stabilisierende Funktion der Eigenkapitalbasis zu stärken. Im Ergebnis war es in den letzten Jahren keine gute Zeit, Geld in deutsche Bankaktien zu investieren.

Als weiteres Beispiel kann die deutsche Energiewende dienen, die die Aktien ehemals starker Energieversorgungsunternehmen wie RWE und E.ON auf Talfahrt schickte.

Derzeit zwingen politische Rahmenbedingungen weite Teile der Automobilindustrie in einen Strukturwandel. Dies wirkt sich negativ auf die Rentabilität dieser Unternehmen aus, da hohe Kosten der Umstrukturierung anfallen. Ob die neuen Produkte mit Elektromotoren ein nachhaltig wirtschaftlicher Erfolg werden, ist unsicher. Das sind keine stabilen Bedingungen für die Eigentümer und Aktionäre.

Die Einschätzung des politischen Umfeldes ist auch wichtig, falls das Aktienportfolio international ausgerichtet werden soll. An sich ist es eine gute Idee, nicht nur deutsche Aktien zu kaufen, sondern in Europa oder gar weltweit nach aussichtsreichen Investitionsmöglichkeiten zu suchen.

Am wohlsten fühlen sich Aktieninvestitionen in Ländern, die freiheitliche Marktmechanismen als Ordnung der Wirtschaft pflegen und diese mit einer schlanken, aber effizienten Regulierung einhegen. Der Index für wirtschaftliche Freiheit ist ein Indikator, der zeigt, inwieweit Länder freiheitliche Rahmenbedingungen geschaffen haben. Er wird jährlich durch die Heritage Foundation und das

Wall Street Journal berechnet[45]. Vorbildlich sind 2021 etwa Singapur und die Schweiz. Auch die USA liegen mit Platz 20 relativ weit vorne, patzen aber durch die hohe Staatsverschuldung. Hervorzuheben ist, dass sich dort global bedeutende Unternehmen der Zukunftstechnologie (Apple, Amazon, Alphabet/Google, Facebook) und Biotechnologie (Gilead Sciences, Amgen) entwickeln konnten, wohingegen in Deutschland die größten Unternehmen Autos mit Verbrennungsmotoren herstellen.

Vorsichtig sollte man bei Ländern sein, die ein Korruptionsproblem haben oder wiederholt Staatsschulden nicht zurückzahlen, wie zum Beispiel Argentinien. Mit dem richtigen Timing können solche Länder enorme Chancen bieten, die jedoch mit einem hohen Risiko verbunden sind. Im Sinne einer Qualitäts- und Sicherheitsphilosophie sind solche Länder nicht empfehlenswert.

Wie könnte konkret ein schlankes Beispiels-Portfolio mit wenigen Qualitätsaktien aussehen?

Im ersten Schritt könnten drei starke Aktien aus Deutschland ausgesucht werden:

- Allianz (ISIN: DE0008404005); großes Versicherungsunternehmen mit Substanz und solider Gewinnqualität; stetige Dividendenpolitik; KBV nahe 1.

- SAP (ISIN: DE0007164600); größter Softwarekonzern Europas; in den letzten 20 Jahren immer Gewinn ausgewiesen; Zukunftsbranche; Aktie schwankt etwas stärker und ist relativ teuer.

- Bechtle (ISIN: DE0005158703); mittelgroße Aktie; Erfolgstory, gutes Management, Zukunftsbranche.

Im nächsten Schritt schauen wir ins Ausland.

---

[45] Siehe Homepage der Heritage Foundation; Link: https://www.heritage.org/index/ranking; abgerufen am 19.07.2021.

- Nestlé (ISIN: CH0038863350); weltweit größter Nahrungs-mittelkonzern aus der Schweiz; seit Jahrzehnten gleichblei-bende oder wachsende Dividende; Aktienkurs schwankt re-lativ wenig (niedrige Volatilität); Nachteil ist die Quellen-steuer der Schweiz.

- Abbott Laboratories (ISIN: US0028241000); weltweit operie-render US-amerikanischer Gesundheitskonzern; stetig stei-gende Dividenden reflektieren Gewinnqualität; Branche at-traktiv aufgrund der demografischen Entwicklung.

Um das Depot weiter auszubauen, bieten sich Aktien anderer Branchen an, wie Chemie, Fahrzeugbau oder Pharma-Titel. Je nach persönlicher Neigung kann man sich auch Hochtechnologiewerte (z. B. Künstliche Intelligenz) oder Aktien der Biotechnologie an-schauen. Da diese Geschäftsmodelle für Laien meist nur schwer ein-schätzbar sind, kann als Alternative ein Aktienfonds oder ETF be-rücksichtigt werden.

Gepflegte Haut und gepflegtes Depot

Als es an der Haustüre klingelte, stand wie an den Vortagen der Paketfahrer mit den kurzen Hosen vor der Tür. Trotz des eisigen Nordwinds lächelte er freundlich und übergab Silvia ein Paket von der Größe einer Schuhschachtel. Es war schon wieder für Linda. Benno schnüffelte an der Kartonage, als ob ein Hundekuchen darin läge. Die Beschriftung verhieß jedoch anderes.

Silvia seufzte. Ihre Tochter schien in ihrem Konsumverhalten so gar nicht nach ihr geraten zu sein. Smart Water, Revival Cream, Bronzierpuder - Linda als ein Groupie von Shiseido? Eine Verpackungseinheit von der Größe einer üppigen Warenprobe kostet so viel wie ein Eimer einer normalen Marke, dachte Silvia.

Bevor der Hund Schaden anrichten konnte, brachte sie das Paket in Lindas Badezimmer. So wie Briefmarkensammler ihre Beute in einem Album horten, standen dort auf dem gekachelten Mauervorsprung Tuben und Tiegel, nebeneinander aufgereiht wie in einer Drogerie. Fast überall las Silvia den gleichen Markennamen: Shiseido.

Nachdem sie für ihren Enkelsohn Felix gekocht hatte, begann sie zu recherchieren.

Das japanische Kosmetikunternehmen war weltweit eines der ganz großen und an der Börse in Tokio gelistet. Im Heimatland vertrieb der Konzern Alltagsmarken, dagegen positionierte er die Produkte in Deutschland im Luxussegment[46], mit entsprechend hohen Margen. Die Zahlen im Geschäftsbericht sahen nicht schlecht aus.

Am nächsten Tag musste Silvias Bankberater 100 Shiseido-Aktien ordern. Diese Firma scheint einiges richtig zu machen, dachte sich Silvia. Davon wollte sie profitieren.

---

[46] Siehe dazu: Die Japan-Connection in brand eins 02/2010.

8 b. Erfolgsfaktor 2: Risiko senken

Das Verhältnis von Sicherheit und Risiko bei Aktienanlagen wird geprägt durch den Aktienanteil am Anlagevolumen (Aktienquote). Die simple Regel „100 minus Lebensalter" ist umstritten[47] und eindimensional auf den Anlagehorizont fixiert. Ein weiterer Punkt ist die persönliche Risikobereitschaft: Mit wie viel Aktien fühle ich mich wohl? Die Antwort auf diese Frage wird meiner Erfahrung nach wesentlich davon abhängen, ob die Kurse eher steigen oder fallen. So fühlt sich beispielsweise eine fünfzigprozentige Aktienquote bei steigenden Kursen relativ gering an, wenn dagegen Verluste die Stimmung prägen, hätte man lieber viel weniger Aktien. Falls das Bedauern in etwa gleich groß ist, egal ob die Börse nach oben oder unten geht, dann könnte die Aktienquote richtig austariert worden sein. Zugegeben fällt es schwer, das herauszufinden.

Dabei können eventuell folgende Fragen helfen: Was würden Sie tun, sollten die Aktien stark steigen? Falls Sie erwägen, dann auf höherem Kursniveau Aktien zu kaufen, ist das ein Indikator, dass die aktuelle Aktienquote zu niedrig ist. Anschließend stellen Sie sich vor, dass die Aktien stark fallen. Wie würden Sie reagieren? Halten Sie es für realistisch, dass Sie mutig genug wären, den Aktienbestand im Kurstal aufzustocken? Andernfalls wäre das ein Indikator, dass die aktuelle Aktienquote zu hoch ist.

Mein Tipp: Probieren Sie es aus, seien Sie ehrlich zu sich selbst, und mit zunehmender Erfahrung fallen Ihnen diese Überlegungen leichter.

Für die Aktienquote ist ebenfalls relevant, ob die monatlichen Ausgaben niedriger sind als die Einnahmen, weil dann das Depot-Volumen durch Sparbeiträge wachsen kann. Oder braucht man

---

[47] Mohr, Daniel in: Frankfurter Allgemeine Sonntagszeitung (FAS) vom 08.11.2020, S. 35.

Geld aus den Rücklagen, um die Ausgaben bestreiten zu können, etwa weil im Alter die Rente nicht ausreicht? Grundsätzlich kann ein Anleger, der erwartet, in Zukunft mehr Geld zur Verfügung beziehungsweise zur Anlage zu haben, eine höhere Aktienquote realisieren als jemand, der seinen Vermögensstock verzehren muss. Geld, das man in den nächsten Jahren für Ausgaben benötigt, sollte nicht in Aktien angelegt werden. Bei einer längeren Kurstalfahrt drohen dann schmerzhafte Verluste, die realisiert werden müssten.

Aus der Historie wissen wir, dass alle paar Jahre ein mehr oder weniger ausgeprägter allgemeiner Kursrückgang an den Börsen droht. Um in solchen Phasen Aktien relativ günstig aufstocken zu können, ist eine Investitionsreserve sinnvoll. Das ist nicht investiertes Geld, das auf dem Girokonto oder Tagesgeldkonto geparkt wird. Diese Reserve kann mit der Zeit durch sparsame Lebensführung aufgebaut werden oder durch eine Reduzierung des Aktienbestandes in Phasen, in denen das Kursniveau relativ hoch ist. Zur Frage des Timings, also wann es günstig ist, Aktien zu kaufen, habe ich im nächsten Abschnitt *8 c. Erfolgsfaktor 3: Mut aufbringen* etwas geschrieben.

Ein weiterer wichtiger Punkt ist, mehrere unterschiedliche Aktien zu kaufen, um die Anlagesumme zu streuen. Damit sinkt das Risiko, bei der Betrachtung des ganzen Depots einen Verlust zu erleiden. Erwischt man bei der Aktienauswahl einen Flop, dann fällt der im Zusammenhang mit anderen (besseren) Aktien nicht so ins Gewicht. Wer zum Beispiel Anfang Juni 2020 ausschließlich Wirecard-Aktien im Depot hatte, verlor bis Anfang September über 99 %.

Zudem verringert Streuung den Stress, der durch zwischenzeitliche Schwankungen entstehen kann. Dazu ein fiktives Beispiel, in dem am Jahresende 2018 die Aktie „A" und die Aktie „B" zur Wahl standen. Beide Aktien kosteten damals 100 Euro pro Stück. In den nächsten zwei Jahren stieg der Kurs jeweils per saldo um 10 Euro, allerdings war der Kursverlauf der Aktien gegensätzlich.

	Aktie A	Aktie B
Ultimo 2018	100 €	100 €
Ultimo 2019	90 €	120 €
Ultimo 2020	110 €	110 €

Der Anleger konnte sich entscheiden, jeweils Aktie „A" oder Aktie „B" zu kaufen, was bei einer Anlagesumme von 200 Euro jeweils zwei Stück ergab. Oder er konnte die Anlage streuen, indem er je eine Aktie „A" und „B" erwarb.

Wie entwickelten sich die drei unterschiedlichen Varianten?

	Aktie A	Aktie B	Aktie A, B
Ultimo 2018	200 €	200 €	200 €
Ultimo 2019	180 €	240 €	210 €
Ultimo 2020	220 €	220 €	220 €

Während die Aktienmischung in beiden Jahren an Wert gewann, verursachten beide Einzelaktien zwischenzeitlichen Stress. Am Jahresende 2019 haderte der Anleger bei zwei Aktien „A" mit den Verlusten. Das Depot mit Aktie „B" erzeugte im Folgejahr Verdruss. Denn der erfreuliche Gewinn aus dem Vorjahr schmolz teilweise ab, was wie ein Verlust wahrgenommen werden konnte.

Fazit: Streuung glättet die Periodenergebnisse (= Schwankungen des Depots) und senkt so wirksam den Anlegerstress.

Wie viele unterschiedliche Aktien sind sinnvoll? Die Wissenschaft empfiehlt 15 bis 20 verschiedene Papiere[48], dann sei das spezifische Risiko einer einzelnen Aktie weitgehend eliminiert. Das ist mit größeren Anlagesummen leicht umsetzbar, wer hingegen lediglich 10.000 Euro anlegt, muss durch die kleinen Ordervolumina meist relativ hohe Kosten tragen.

Damit der Effekt der Streuung möglichst wirksam ausfällt, sollten Sie darauf achten, wirklich wesensverschiedene Unternehmen zu berücksichtigen. Statt zwei deutsche Automobilhersteller zu kombinieren, besser einen Chemie- oder Pharmatitel beimischen. Ferner kann es sich lohnen, große Unternehmen mit kleineren zu kombinieren oder Wachstumsaktien mit Substanzaktien. Damit im Depot später nicht nur deutsche Aktien liegen, empfiehlt es sich zudem, international zu streuen.

Eine weitere Möglichkeit, das Risiko zu senken, liegt in der Aktienauswahl. Es gibt Aktien, deren Kurse stark schwanken, und es gibt Aktien, deren Kursentwicklungen stetiger verlaufen. Das Ausmaß der Kursschwankungen einer Aktie (= Volatilität) ist ein Hinweis auf deren Risikoträchtigkeit. So ähnlich wie ein Pendel nach beiden Seiten ausschlägt, schwankt ein Aktienkurs um seinen Durchschnittswert. Extrem können die Kurse von sogenannten Lotterieaktien hin und her hüpfen. Das sind meist wenig werthaltige Aktien mit optisch niedrigen Kursen. Sie können prozentual stark steigen, andererseits besteht eine relativ hohe Wahrscheinlichkeit, mit ihnen Kapital zu verlieren. Das Chance-/ Risikoverhältnis ähnelt dem einer Lotterie. Anleger, die keine unnötigen Risiken eingehen wollen, sollten solche Aktien meiden und sich Werten am anderen Ende des Spektrums zuwenden: Aktien, deren Kursentwicklung vergleichsweise stetig verläuft. Das kann man mit wachem Auge anhand des historischen Kursverlaufs selbst beobachten; objektiver ist eine Kennzahl, die Volatilität. Mit einem Aktienfinder kann gezielt nach Aktien gesucht werden, deren Volatilität im Vergleich zu

---

[48] Vgl. Weber, Martin u. a.: Genial einfach investieren. Mehr müssen Sie nicht wissen – das aber unbedingt. Frankfurt u. a.: Campus Verlag, 2007.

anderen Aktien niedrig ist[49]. Erfahrungsgemäß verläuft die Kursentwicklung der Aktien des Schweizer Nahrungsmittelkonzern Nestlé (ISIN: CH0038863350) und des deutschen Wohnungsunternehmens Vonovia (ISIN: DE000A1ML7J1) relativ ruhig.

Eine böswillige Börsenanekdote aus der euphorischen Zeit des Neuen Marktes Ende des letzten Jahrhunderts, in der Zeichnungsaufträge von Technologieaktien die Banken und Sparkassen waschkörbeweise erreicht haben sollen, erzählt, dass neue Kunden schon mal nicht wussten, was die Unternehmen, deren Aktien sie haben wollte, eigentlich herstellten. Im Falle von Infineon, damals als Halbleiter-Produzent bezeichnet, dachte ein älterer Kunde an Aufstiegshilfen, wofür er bereit war, sein Sparkonto zu plündern. Dieses Phänomen gibt es auch in aktueller Zeit. Anfang des Jahres 2021 erfuhr das Computerprogramm („App") Clubhouse eine größere Beliebtheit, sodass auch Aktienkäufer nach dem Namen suchten und in den ersten beiden Monaten des Jahres fleißig Clubhouse-Aktien kauften. Das Dumme daran war nur, dass die an der US-Börse notierte Clubhouse Media Group gar nichts mit der gehypten Diskussions-App zu tun hatte[50]. Der Kurs hatte sich daraufhin vorübergehend verzehnfacht, was vermutlich auf uninformierte Spekulanten zurückzuführen war.

---

[49] Z. B. haben onvista und comdirect die Volatilität in ihre Aktienfinder als Kriterium integriert; Links: https://www.onvista.de/aktien/finder/; https://www.comdirect.de/inf/aktien/finder.html; abgerufen am 19.07.2021.
[50] Vgl. Clubhouse, Signal und Co.: Warum diese Aktien für Verwirrung sorgen, Der Standard vom 18.02.2021; Link: https://www.derstandard.de/story/2000124271316/clubhouse-signal-und-co-warum-diese-aktienfuer-verwirrung-sorgen; abgerufen am 15.07.2021.

Das Eichhörnchen-Prinzip

»Es war einmal ein flinkes Eichhörnchen, das hatte bis in den letzten warmen Novembertag hinein 100 Nüsse für den Winter gesammelt.«

»Lauter, Oma, ich verstehe nix!«, rief Felix unter der Bettdecke hervor.

Silvia saß auf der Bettkante und wartete geduldig, bis ihr Enkel von selbst seinen Kopf hervorstreckte.

»Na, siehst du, jetzt kannst du wieder besser hören.« Dann fuhr sie mit seiner Lieblings-Gutenacht-Geschichte fort: »Der Berg an Nüssen war so hoch, dass das Eichhörnchen daneben ganz winzig aussah. Da der erste Schneefall bevorstand, begann es eilig, ein tiefes Loch zu buddeln, um all seine Wintervorräte dort zu vergraben. Das dauerte Tage, und am Ende war das Eichhörnchen so müde, dass es in einen tiefen Schlaf fiel. Als es aufwachte, lag Schnee, es herrschte Frost und das kleine Tier hungerte. Nun begann es, nach den Nüssen zu suchen. Es scharrte und suchte, suchte weiter und scharrte. Allerdings fand es die Nüsse nicht. So sehr es sich auch anstrengte, der mühsam gesammelte Vorrat blieb verschollen. Es hungerte und suchte, hungerte weiter und fror und …«

»Ja, ich weiß«, unterbrach Felix, »es fror und hungerte und fror und suchte …«

»Genau, es war der schrecklichste Winter, den das Eichhörnchen erleben musste. Es überlebte nur knapp bis zum Frühjahr. Das war ihm eine Lehre. Im folgenden Winter machte das kleine Eichhörnchen es so wie alle anderen Eichhörnchen: Es versteckte jede Nuss an einer anderen Stelle.«

»Und bei den Aktien machst du es auch so, Oma?«

»Richtig! Da ich ja nicht weiß, welche Aktie die beste sein wird, streue ich mein Geld auf mehrere Aktien. Das ist mein Eichhörnchen-Prinzip.« Silvia gab Felix einen Kuss und knipste das Licht aus.

8 c. Erfolgsfaktor 3: Mut aufbringen

> *Mut steht am Anfang des Handelns, Glück am Ende.*
> *Demokrit*

Die Kaufmannsweisheit, dass im Einkauf der Gewinn liegt, gilt ebenso für Aktien. Es gibt günstige Zeiten, um an der Börse einzusteigen, und Phasen, in denen man teuer kauft. Wie kann man diese erkennen? Seriöse Wissenschaftler sind davon überzeugt, dass dies nicht systematisch möglich sei, was sie in der These des effizienten Marktes formulierten. Diese These ist umstritten. Beispielsweise sieht der renommierte Professor Markus Brunnermeier Phasen der Übertreibung an den Kapitalmärkten und meint, dass effiziente Märkte sich nicht in der Wirklichkeit spiegelten[51]. Insbesondere Phasen niedriger Volatilität (Schwankungen der Kurse) könnten fälschlicherweise signalisieren, dass die Risiken gering seien („Volatilitätsparadoxon").

Es gibt viele Menschen, die sich wohlfühlen, wenn sie das tun, was andere auch tun. Das kann in der Mode beobachtet werden und neuerdings in den sozialen Medien. „Likes" und „Follower" sind eine moderne „Währung" geworden und fördern gleichgerichtetes Verhalten. Am Aktienmarkt ist ein Handeln im Konsens dagegen kritisch zu sehen. Wenn Aktien in aller Munde sind und selbst am Stammtisch mit Aktiengewinnen geprahlt wird, dann ist es Zeit kürzerzutreten. So wie in der Hochzeit des Neuen Marktes, die bis in den März des Jahres 2000 währte. Ich nahm damals als Berater an

---

[51] Siehe dazu: Ein Gespräch mit Brunnermeier, Markus K.: Das letzte Kapitel ist noch nicht geschrieben; Perspektiven der Wirtschaftspolitik, Band 15, Heft 3, Veröffentlicht von De Gruyter 17. Oktober 2014; Link: https://doi.org/10.1515/pwp-2014-0018; abgerufen am 13.06.2021.

vielen Anlageausschuss-Sitzungen teil, und alle Beteiligten freuten sich über das Börsenumfeld, das bislang für beträchtliche Kursgewinne gesorgt hatte. Die Vorstellung, dass Aktienkurse von Zeit zu Zeit „Luft ablassen" könnten, wurde, wenn überhaupt, nur selten diskutiert. Ein Fondsmanager wurde wortstark kritisiert, nachdem er die Aktien der Deutschen Telekom bei einem Kurs von über 100 Euro komplett und mit riesigem Gewinn verkaufte. Die Meinung herrschte, dass die „Volksaktie" weiter steigen werde. Allerdings trat das Gegenteil ein: Der Kurs brach in der Folgezeit auf unter 10 Euro ein und hat seitdem die ehemalige Höhenregion nicht mehr wiedergesehen.

„Eine Hausse wird in der Panik geboren, wächst in der Angst, reift im Optimismus und stirbt in der Euphorie", soll einmal Börsenaltmeister André Kostolany gesagt haben. Warum ist das so? Einfach gesagt brauchen steigende Kurse zusätzliche Aktienkäufer. Wenn jedoch viele Aktionäre, Fondsmanager und andere Marktteilnehmer bereits Aktien gekauft haben - teilweise mehr Aktien, als sie normalerweise halten würden -, dann werden sie zukünftig nicht mehr als Käufer, sondern eher als Verkäufer auftreten. Zudem steigen in Phasen starken Kaufinteresses die Kurse, in manchen Fällen so hoch, dass sie überteuert sind. Anders in der Krise. Viele Menschen reduzieren ihre Aktiendepots aus Angst vor weiteren Kursverlusten. Durch den Verkaufsdruck fallen die Kurse stark.

Ideal wäre es, die Phasen der Panik und der Euphorie für Bestandsveränderungen zu nutzen. Kann das gelingen? Zumindest kann es sich lohnen, es zu versuchen. Für Anleger, die bisher noch keine Aktien besitzen, liegt das Augenmerk natürlich zunächst auf dem Bestandsaufbau.

Um diese Strategie umzusetzen, sind Nervenstärke, Zeit und Geduld notwendig. Im März 2020, als die Corona-Pandemie für große Ängste in Gesellschaft und Wirtschaft sorgte, brachen die Aktienmärkte weltweit ein. Viele deutsche Qualitätsaktien verloren gegenüber ihrem Februarhoch zwischenzeitlich über 40 %. Am 18. März 2020 hielt Bundeskanzlerin Angela Merkel ihre zuweilen als historisch bezeichnete Fernsehansprache: „Es ist ernst. Nehmen Sie es auch ernst."[52] Schulen, Kindergärten, Grenzen, Behörden und viele Einkaufsläden waren geschlossen und sie bezeichnete die freiheitseinschränkenden Maßnahmen als „im Moment unverzichtbar, um Leben zu retten."[53] Der Tag ihrer Rede war zugleich der Tag, an dem der Deutsche Aktienindex sein Kurstief im Corona-Crash[54] fand. Aber wie viel Mut musste man aufbringen, um an solch einem Tag Aktien zu kaufen? Wer danach erzählte, er habe Aktien gekauft, erntete vermutlich ein Kopfschütteln und hörte Kommentare, die so oder ähnlich klangen: „Die Wirtschaft geht grade den Bach runter und du kaufst Aktien?" Wer das vermeiden möchte, sollte schweigen. Oder die verständnislosen Kommentare als Kontraindikator[55] nutzen.

Was wir heute wissen: In den folgenden Tagen und Wochen erholten sich viele Aktienkurse rasant. Was zeigt das Beispiel? Der Börsenerfolg kann gelingen, wenn man mit Mut gegen den Strom schwimmt.

Wenden wir uns der Frage zu, wie man konkret Übertreibungsphasen an den Börsen erkennen und nutzen kann. Ein Anzeichen ist erfahrungsgemäß, wenn auflagenstarke Tageszeitungen die Titelstory der Börse widmen und das Thema Aktien Eingang in den Kaffeeklatsch oder bei Stammtischrunden findet. Objektiver zeigen der VIX-Index aus den USA oder der VDAX New in Deutschland extreme Kursausschläge an. Diese Indizes werden gelegentlich als Angstbarometer bezeichnet. Sie messen, vereinfacht formuliert, die Volatilität und damit die Unsicherheit an den Börsen. Ein Schaubild

---

[52] Vgl. Homepage der Bundesregierung; Link: https://www.bundesregierung.de/breg-de/aktuelles/fernsehansprache-von-bundeskanzlerin-angela-merkel-1732134; abgerufen am 07.07.2021.

[53] Siehe Fußnote davor.

[54] Saloppe Bezeichnung für den deutlichen Kurseinbruch am Beginn der Pandemie.

[55] Im Börsenkontext ist ein Kontraindikator ein mehr oder minder verlässlicher Hinweis, das Gegenteil zu tun.

der letzten Monate (Chart) ist zum Beispiel auf Investing.com[56] oder onvista.de[57] abrufbar. Vergleichsweise hohe Werte im Chart zeigen große Angst an, tiefe Werte lassen auf Sorglosigkeit schließen. Extremwerte stehen im Zusammenhang mit Übertreibungsphasen und bieten meist eine gute Gelegenheit, die Depotstruktur zu verändern, um temporäre Höhen und Tiefen im Kursniveau zum eigenen Vorteil zu nutzen. Eine einfache Handelsregel kann daraus leider nicht abgeleitet werden, auch wenn beispielsweise der VDAX New am 18. März 2020, als der deutsche Aktienmarkt sein Corona-Tief erlebte, nahe an seinem Allzeithoch lag[58].

Weiter gibt es den „Fear and Greed Index[59]", der neben dem VIX weitere Indikatoren zu einem Index zusammenfasst, um Übertreibungsphasen an der US-Börse zu erkennen. Die Signallinie des Index kann zwischen 0 und 100 schwanken, hohe Werte nahe 100 sollen Euphorie und Gier anzeigen, wohingegen niedrige Werte nahe 0 Angst und Panik signalisieren. Im Corona-Crash hat das für einen antizyklischen Einstieg in den Aktienmarkt gut funktioniert, aber meiner Meinung nach sollte dem Index nicht blind vertraut werden. Ergänzend sollten andere Faktoren berücksichtigt werden und eine eigene Einschätzung der Marktsituation zur Beurteilung erfolgen.

Auch die sentix Sentiment Indizes[60] können die Emotionen der Investoren reflektieren und damit die Phasen der Angst und Gier erkennen helfen. Um kostenlos an die Ergebnisse zu kommen, muss man regelmäßig an den wöchentlichen Umfragen teilnehmen.

---

[56] Link: https://de.investing.com/indices/volatility-s-p-500; abgerufen am 19.07.2021.
[57] Link: https://www.onvista.de/index/VDAX-NEW-Index-12105789; abgerufen am 19.07.2021.
[58] Tageshoch 86,30 am 18.03.20 gegenüber Allzeithoch 93,30 am 16.03.20; Quelle: Börse Frankfurt; Link: https://www.boerse-frankfurt.de/index/vdax-new/kurshistorie/historische-kurse-und-umsaetze; abgerufen am 18.07.2021.
[59] Der aktuelle Stand kann im Internet kostenlos abgerufen werden; Link: https://money.cnn.com/data/fear-and-greed/; abgerufen am 18.07.2021.
[60] Werden von der sentix GmbH durch Umfragen ermittelt; Link: https://www.sentix.de/; abgerufen am 19.07.2021.

Nur irgendwelche Aktien

Silvia dachte zurück an die Zeit, als ihre Tochter Linda noch zur Schule ging. Es war kurz vor ihrem Abitur. Sie hatte an diesem Tag schon ewig mit dem Mittagessen auf Linda gewartet. Der Schulbus hatte mal wieder Verspätung, sodass es halb drei war, als Silvia endlich den Erbseneintopf auf die Teller schöpfte.

»Nicht schon wieder die grüne Pampe!«, beschwerte sich Linda und schob sich ein halbes Wiener Würstchen rein.

In diesem Moment entdeckte Silvia etwas in Lindas linker Hand.

»Was ist denn das?«, fragte sie und deutete auf die Hand ihrer Tochter.

»Ach nix.« Linda begann, träge zu löffeln.

»Wenn da nix wäre, hätte ich auch nix gesehen. Aber mit deiner Mutter kann man ja auch über nix reden«, erwiderte Silvia etwas unwirsch und schnitt sich ihr Würstchen in die Suppe.

»Ach, Mama. Das sind nur irgendwelche Aktien.«

»Na dann. Schmeckt es dir?«

»Na ja. Der Tobias hat übrigens viel Geld gemacht. Und er hat was von einer Cash-Burn-Rate[61] gelabert.« Linda fuchtelte wild mit dem Salzstreuer über ihrem Teller herum und fragte weiter: »Hast du vielleicht eine von den Aktien gekauft?« Sie zog den Klebezettel von ihrer Handfläche ab und ließ ihn zu ihrer Mutter fliegen.

Mit schräg gestelltem Kopf las Silvia: Pixelpark, Popnet, Kleindienst[62]. »Nein, ich kenne nicht mal diese Namen!«

---

[61] In den Hochzeiten des Neuen Marktes (Börsensegment für Aktien der New Economy) beliebte Kennzahl (= Geldverbrennungsrate).

[62] Aktien, mit denen man durch das Platzen der Dotcom-Blase viel Geld verlieren konnte.

8 d. Erfolgsfaktor 4: Zeit lassen

> *Die Geduld ist der Schlüssel zur Freude.*
>
> *Arabisches Sprichwort*

Im Grunde sind Aktien als Beteiligung an Unternehmen eine Art unternehmerische Betätigung mit langfristiger Perspektive. Werden die Aktien über Jahre oder Jahrzehnte in Treue gehalten, dann können sich die Vorteile der Anlageart entfalten:

- Je länger die Anlagedauer, desto höher die erzielbare minimale Rendite[63]

- Weniger Kosten und Zeitaufwand

- Hohe Dividendenrenditen bei steigenden Dividenden und gleichbleibenden Kaufkursen

- Depotautomatismus: Gute Aktien gewinnen langfristig immer mehr an Bedeutung (siehe Beispiel weiter unten)

- Kursgewinnsteuern müssen erst später bezahlt werden und können länger gewinnbringend angelegt bleiben (Steuerstundungseffekt)

Der Anlageerfolg muss nicht leiden, wenn das Depot eine Weile ruht. Die Sonntagszeitung der Frankfurter Allgemeinen Zeitung berichtete über eine wissenschaftliche Untersuchung, die sogar eine Verbesserung der Rendite feststellte, wenn weniger gehandelt wurde. Zum einen wurden Fehlentscheidungen vermieden, zum anderen entstanden weniger Kosten[64]. Fazit: Lieber anlegen, statt

---

[63] Das zeigt die Grafik der DAI „Langfristig sparen stabilisiert die Rendite" (siehe Kapitel 5).

[64] Siehe dazu: "ETF kaufen, aber richtig!" in FAS vom 13.11.2016, Seite 17.

zocken! Geben Sie Ihren Aktien Zeit. Ein Baum wächst auch nicht in wenigen Wochen zu seiner vollen Pracht heran.

Zudem ist eine Daueranlage viel einfacher zu handhaben. Also einmalig einen „Schwung" Aktien kaufen und anschließend dieses Portfolio in Ruhe lassen? Nichts machen? Faulen Menschen kommt das entgegen. Aber ist das wirklich ratsam? Muss man Aktien nicht regelmäßig beobachten und gegebenenfalls handeln? Hierzu sehen wir uns ein fiktives Beispiel mit realen Aktienkursen an. Am Ende des Jahres 2000 wurden 2219 Bechtle-Aktien und 140 Aktien der Deutschen Bank gekauft. Bei beiden Aktien ergab das ein Investitionsvolumen von rund 10.000 €, sodass das Depot am Start eine hälftige Aufteilung hatte. In den folgenden Jahren flossen Dividenden, die Aktien im Depot wurden aber nicht disponiert. Zwanzig Jahre später, am Ende des Jahres 2020, bestand das Depot wertmäßig fast nur noch aus Bechtle-Aktie, da die Deutsche Bank-Aktie im Kurs stark gefallen war und die Bechtle-Aktie einen wahren Höhenflug hingelegt hatte.

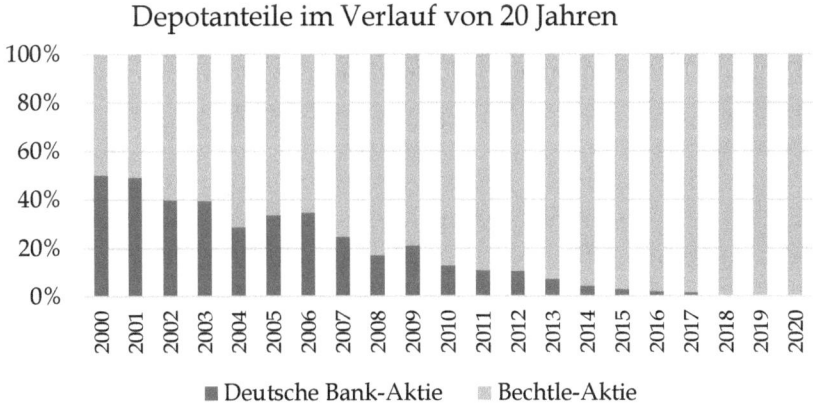

Kursdaten boerse-frankfurt.de[65]; eigene Darstellung.

---

[65] Bereinigt um Bezugsrechte und Aktiensplits.

In dem Schaubild sieht man, dass im Laufe der Jahre der Anteil der sich besser entwickelnden Bechtle-Aktie stark zunahm, bis sie zuletzt nahezu das ganze Depot dominierte. Der segensreiche Nebeneffekt war, dass mit zunehmendem Anteil der besseren Aktie deren Auswirkungen auf die Entwicklung des Gesamtdepots zunahm, und umgekehrt die negative Entwicklung der Deutschen Bank-Aktie sich mit der Zeit auf die Gesamtrendite kaum noch auswirkte. Wie im Jahr 2018: Der Kurs der Deutschen Bank stürzte so stark ab, dass er sich mehr als halbierte. Wie entwickelte sich das gesamte Depot in der Jahresbetrachtung? Das Minus betrug nur 3,2 % - und das, obwohl in diesem Jahr auch die Bechtle-Aktie 2,4 % verlor.

Diesen Automatismus in einem Depot kann man ohne Profiwissen nutzen - ganz einfach, indem man nichts tut. Genial, oder?

Natürlich wäre es besser gewesen, die Deutsche Bank-Aktie zu meiden oder im Laufe der Jahre eine Verlustbegrenzung zu realisieren. Bitte bedenken Sie aber: Rückblickend ist man schlauer. Mit dem illustrierten Beispiel möchte ich lediglich zeigen, dass man auch bei einem Flop im Depot nicht verzweifeln muss. Zumindest, falls andere Aktien (deutlich) besser laufen.

In dem Zusammenhang wird gerne das Instrument der Stop-Loss-Order zur Verlustbegrenzung angeführt. Das ist ein Verkaufsauftrag, der mit einem Limit unter dem aktuellen Börsenkurs versehen wird. Fällt der Kurs unter das Limit, wird automatisch verkauft. Auf den ersten Blick klingt dieses Vorgehen plausibel und begrenzt wirksam größere Verluste bei einzelnen Aktien. Es gibt allerdings zwei Nachteile. Zum einen wird erst *nach* einem Kursrückgang verkauft und eine mögliche nachfolgende Erholung im Kurs wird abgeschnitten. Zum anderen entstehen zusätzliche Handelskosten, erst durch den Verkauf und weiter durch den Rückkauf oder den Kauf einer anderen Aktie. Ganz abgesehen davon, dass diese Strategie den Anleger auch beschäftigt.

Warum werden Stop-Loss-Orders immer wieder vorgeschlagen? Meiner Meinung nach ähnelt der Mechanismus einer Versicherung. Läuft der Anlagevorschlag einer Anlegerzeitung, eines Internet-Blogs, einer Research-Studie oder einer Anlageberatung nicht wie erwartet, verhindert die Stop-Loss-Mechanik einen größeren Schaden. Man kann anschließend sagen: Wären Sie meiner Empfehlung gefolgt, wäre nur ein Verlust von x % entstanden. Dafür muss allerdings der Abschlag des Stop-Loss-Limits in Kauf genommen werden, ähnlich wie eine gezahlte Versicherungsprämie. Zugegeben: bei der Deutschen Bank-Aktie in meinem Beispiel wäre diese Vorgehensweise vorteilhaft gewesen. Allerdings bestand das Risiko, dass bei konsequenter Anwendung auch die Bechtle Aktie irgendwann einmal ausgestoppt worden wäre. Denn wie bei Aktien üblich, verzeichnete deren Kursverlauf in den 20 Jahren auch deutlichere Kursrückgänge.

Die Frage ist, ob eine systematische Verlustbegrenzung den Anlageerfolg des gesamten Depots nachhaltig verbessert. Die Antwort ist zu bejahen, falls der Aktienkurs nach dem Auslösen des Stop-Loss-Limits weiter deutlich fällt und sich nicht oder nur geringfügig erholt. In allen anderen Fällen ist die Antwort Nein. Wenn wir der These folgen, dass die kurzfristige Aktienentwicklung stark vom Zufall geprägt ist und damit nicht zuverlässig vorhersehbar ist, besteht ein 50 zu 50 Chance-/ Risikoverhältnis für den Erfolg des Stop-Loss-Limits. Was dagegen in jedem Fall den Anlageerfolg schmälert, sind die Spesen durch das Hin und Her. Und dieser Umstand könnte dann am Ende dafür sorgen, dass sich über die Jahre die Verlustbegrenzung in Form von Stop-Loss-Limits nicht lohnt.

Die Politik der Zentralbanken, insbesondere der amerikanischen Fed, ist eine wichtige Orientierungshilfe für die Finanzmärkte. Unter Börsianern gilt der Spruch „Don't fight the Fed", was bedeuten soll, dass man sich als Anleger im Einklang mit der Notenbank und nicht gegen sie verhalten soll. Wenn die Geldpolitik expansiv ist, die Liquidität zunimmt und die Zinsen sinken, ist das eine günstige

Zeitphase für Investitionen am Kapitalmarkt - und umgekehrt. Das ist wie Rücken- und Gegenwind für die Aktienkurse.

Wenn die Notenbanken in großem Stil Anleihen kaufen, Zinsen negativ werden lassen, und wenn, wie Mario Draghi (EZB-Präsident von 2011 bis 2019) am 26. Juli 2012 versprach, die EZB alles Notwendige – „Whatever it takes" - tun werde, um den Euro zu retten, dann ist das eine gute Zeit für Aktieninvestitionen. Die zusätzliche Liquidität sucht sich eine Anlage, sodass sie teilweise in den Aktien- und Immobilienmarkt fließt. Dort steigen dann Kurse und Preise. Sollte eines Tages die EZB und andere Notenbanken der Welt wieder eine „normale" oder gar bremsende Geldpolitik verfolgen, dann sollte der kluge Investor die Signale wahrnehmen und erkennen, dass eine Zeitenwende stattfindet. Das wäre Gegenwind und damit die Zeit, am Aktienmarkt vorsichtiger zu agieren.

Eine weitere Möglichkeit, den Erfolgsfaktor Zeit für sich zu nutzen, bietet der Sparplan. Für Anleger, die ihr Vermögen aufbauen wollen, ist er eine bequeme Möglichkeit, regelmäßig in Aktien zu investieren. Die depotführende Bank bucht beispielsweise monatlich eine Rate vom Konto ab und kauft dafür eine entsprechende Anzahl an Aktien. Das bieten inzwischen viele Banken an. Weiter verbreitet sind Sparpläne, mit denen in sogenannte „Exchange Traded Funds" (ETF) investiert wird. ETFs sind börsengehandelte Indexfonds (mehr in Kapitel 10). Durch die Bündelung einer Vielzahl an Aktien in einem Wertpapier bieten Aktien-ETFs eine eingebaute Streuung.

Der Vorteil eines Sparplans liegt darin, dass systematisch zu verschiedenen Zeitpunkten Geld investiert wird. Durch das Auf und Ab der Börsenkurse ergeben sich zuweilen günstige Kaufpreise, mitunter sind sie teurer. Durch die fixen Euro-Beträge werden im Börsenkeller mehr Anteile gekauft als im Höhenflug der Kurse. Auf diese Weise ergibt sich im Laufe der Zeit systembedingt ein günstiger Durchschnittskaufpreis (Cost-Average-Effekt nennen das die

Fachleute). Und der Anleger muss lediglich einmal entscheiden: Soll ich oder soll ich nicht? Nämlich den Sparplan einrichten.

Für den langfristigen Sparplan eignet sich ein breit gestreuter ETF am besten, da zum einen das Einzeltitelrisiko entfällt, zum anderen muss nicht im Hier und Jetzt entschieden werden, welche Aktie genauso in ferneren Jahren attraktiv sein wird.

Der Wohlfühlfaktor: Habe ich zu viel oder zu wenig Aktien?

Es fühlte sich flau an, wie im Halbschlaf. Silvia ahnte etwas oder glaubte, etwas zu ahnen. Die Luft stand still, wie vor einem Gewitter.

Silvia studierte die Seite mit den Aktienkursen in der Frankfurter Allgemeinen Zeitung. Sollte sie vorsichtshalber Aktien verkaufen? Vielleicht, vielleicht auch nicht. Die fundamentalen Faktoren schienen bestens. Die Wirtschaft lief, ohne zu überhitzen. Viele Aktiengesellschaften verdienten gut, aber nicht zu gut. Die Zinsen waren niedrig, ohne zu niedrig zu sein. Es gab viel Optimismus, aber keine Euphorie. Das könnte noch Jahre so weitergehen. In Fachkreisen wird das gelegentlich als Goldlöckchen-Szenario beschrieben, frei nach dem alten englischen Märchen „Goldilocks" über ein streunendes Mädchen, das in einem Bärenhaus im Wald die Stühle, die Betten und den Porridge probiert und dabei jeweils in einer Variante genau die richtige, die optimal passende entdeckt.

Was also tun?, überlegte Silvia. Würden die Aktien weiter steigen, dann wäre sie enttäuscht, weil zu wenig Aktien im Depot lagen. Was wäre, wenn andererseits das Gegenteil einträte? Ein Kurssturz an den Börsen, entgegen dem weitverbreiteten Optimismus. Dann hätte sie zu viel Aktien und sollte besser vorher die Aktienquote verringern. Sie konnte sich nicht entscheiden. Nach zwei Gläsern Rotwein beschloss sie, die Sache erst mal zu überschlafen.

Am nächsten Morgen strahlte die Mai-Sonne und Linda hatte das Frühstück auf der Ostterrasse vorbereitet.

»Ich mache nichts. Gar nichts!«, sagte Silvia laut und drückte ihrer Tochter ein Bussi auf die Wange. Benno wedelte mit dem Schwanz und schnüffelte am Beistelltisch.

»Das ist dir doch sowieso am liebsten.« Linda lächelte.

Mit den wärmenden Sonnenstrahlen auf der Haut schenkte Silvia ihnen beiden eine Tasse Kaffee ein. »Manchmal ist es besser, die Füße stillzuhalten. Ich weiß nun, dass die Aktienquote genau richtig ist. Wie der Porridge bei Goldlöckchen. Egal, ob die Aktien steigen oder fallen, meine Freude und mein Bedauern scheint jeweils gleich groß zu sein.«

»Wie, du freust dich, wenn die Aktien fallen?« Linda biss in ihre Dinkel-Vollkornsemmel.

»Nein, nicht direkt. Das klingt jetzt vielleicht sonderbar, denn ich würde mich freuen, weil genügend Geld auf dem Konto liegt, um dann Aktien günstiger nachzukaufen.«

»Und du freust dich auch, wenn die Aktien steigen?«

Silvia schnappte sich eine Erdbeere. »Ja klar, weil ich doch viele gute Aktien im Depot habe und dabei Kursgewinne mache!«

»Das klingt irgendwie nach der Kraft des positiven Denkens«, stellte Linda fest und warf Benno ein Stück Wurst vom Beistelltisch zu.

8 e. Erfolgsfaktor 5: Kosten

Beim Aktienkauf entstehen Kosten in Form von Bankprovisionen und Börsenentgelten. Ein Ausgabeaufschlag kann bei Aktienfonds anfallen, hinzu kommt eine laufende Verwaltungsgebühr und bei einigen Angeboten zusätzlich eine erfolgsabhängige Gebühr (Performance-Fee). ETFs verursachen beim Kauf über die Börse ähnliche Kosten wie Einzelaktien, dafür sind die Verwaltungsgebühren niedriger als bei aktiv gemanagten Aktienfonds. Bei allen Wertpapieren können bei der Verwahrung Depotgebühren anfallen.

All diese Kosten mindern bei einer langfristigen Betrachtung die erzielbare Rendite überraschend stark. Ein Vergleich soll den Effekt zeigen. Es gibt zwei fiktive Anlagevarianten, die im jährlichen Anlageerfolg gleich sein sollen, aber mit unterschiedlichen Kosten belastet sind. Zum einen eine Anlage mit Kosten des Kaufes von 1 % und laufenden Kosten von 1 % pro Jahr. Zum anderen eine günstigere Variante mit einmaligen Kaufgebühren von 0,5 % und jährlichen Kosten von nur 0,1 %. Der Anlageerfolg beträgt pro Jahr in beiden Fällen vor Kosten 5 % (Kursgewinn und Erträge); die Anlagedauer soll 30 Jahre betragen.

	Variante 1	Variante 2
Kosten Kauf	1,0%	0,5%
Laufende Kosten p.a.	1,0%	0,1%
Anlageerfolg p.a.	5,0%	5,0%
Anfangskapital	50.000 €	50.000 €
Endkapital	160.548 €	208.957 €

Quelle: eigene Berechnungen

Allein durch höhere Kosten entgehen dem Anleger in diesem Beispiel am Ende über 48.000 Euro. Unberücksichtigt bleiben die Steuern, z. B. auf Dividenden, die den Ertrag zusätzlich erheblich vermindern können.

Fazit: Kosten sparen ist eine gute Idee!

Wie können Kosten gespart werden?

1. Depotgebühren und Handelskosten vergleichen[66]. Meist sind Onlinebanken und Onlinebroker günstiger als Filialbanken.

2. Kostengünstige Indexfonds (ETF) für kleinere Depots und für internationale Streuung nutzen.

3. Weniger umschichten senkt Kosten und erhöht den Anlageerfolg[67].

Neben den Kosten mindern zusätzlich Steuerzahlungen den Ertrag für den Anleger. Dividenden und realisierte Kursgewinne werden mit der Kapitalertragssteuer an der Quelle besteuert.

Welche Möglichkeiten gibt es, Steuern zu sparen?

Auf alle Fälle sollte der Depotinhaber einen Freistellungsauftrag oder eine Nichtveranlagungsbescheinigung bei der Bank vorlegen. In diesem Rahmen können Erträge steuerfrei vereinnahmt werden. Da Kursgewinne bei Aktien erst beim Verkauf versteuert werden müssen, ergibt sich ein positiver Effekt für lange Haltefristen, indem der Anlagebetrag weiter ungeschmälert für den Aktionär arbeiten kann. Wären die Aktien mit Gewinn verkauft worden, stünde durch die Steuerzahlung für die Wiederanlage entsprechend weniger

---

[66] Stellvertretend nenne ich das Angebot von Finanztip; Link: https://www.finanztip.de/wertpapierdepot/; abgerufen am 19.07.2021.
[67] Barber, Brad M./ Odean, Terrance: Trading is Hazardous to Your Wealth. The Common Stock Investment Performance of Individual Investors, Journal of Finance, 55/2, April 2000, S. 773–806.

Kapital zur Verfügung. Dies ist ein weiterer Aspekt, der für eine Daueranlage spricht.

Bei ausländischen Aktien droht eine ausländische Quellensteuer, deren Sätze je nach Land variieren und die zum Teil oder ganz auf die deutsche Steuer anrechenbar ist. Will der Aktionär eine nicht anrechenbare Steuer zurückholen, muss er ein je nach Land unterschiedlich aufwendiges Erstattungsverfahren angehen. Das kann sich insbesondere bei höheren Anlagebeträgen durchaus lohnen!

Bei Fonds und ETFs hat sich die Situation mit der Steuerreform 2018 geändert. Seitdem wird mit Pauschalen gearbeitet. Im Ergebnis soll die Besteuerung dadurch einfacher werden.

Die werden mich überleben

»Die roten mit der Glitzerschnalle gefallen mir am besten!« Linda versuchte, ihre Mutter mit ihrer Begeisterung anzustecken. »Kauf dir doch endlich ein Paar schicke Schuhe zum Ausgehen.«

Um Linda nicht zu enttäuschen, probierte Silvia das Modell in ihrer Größe an. »Ich weiß nicht. Die ziehe ich vielleicht einmal im Jahr an.«

Inzwischen war Enkel Felix mit Labrador Benno auf die direkt gegenüber der Boutique gelegene Grünanlage geflüchtet.

»Die machen aber echt was her, Mama. Und alle Blicke im Umkreis von zweihundert Metern gehören dir.«

»Meine Birkenstock-Sandalen sind viel bequemer, mein Schatz. Und bei dem Preis müsste ich ja ein paar Aktien verkaufen«, gab Silvia zu bedenken.

Die Schuhverkäuferin meinte dazu trocken: »Dann tun Sie das. Sie leben ja nur einmal.«

»Das finde ich auch, liebe Mama", mischte sich Linda wieder ein. „Gönn dir mal was! Deine Gesundheitslatschen sind schließlich gefühlt dreißig Jahre alt.«

»Die sind zweiunddreißig Jahre alt und werden mich überleben. Noch mal eine neue Sohle und sie sind wieder voll intakt!«

Linda seufzte.

9. Nachhaltige Aktien finden

> *Alles, was gegen die Natur ist,*
>
> *hat auf Dauer keinen Bestand.*
>
> *Charles Darwin*

Immer mehr Menschen achten darauf, respektvoll mit der Umwelt und den Mitmenschen umzugehen. Das Thema betrifft ebenfalls die Kapital- und Aktienanlage, und so steht inzwischen ein breites Angebot an nachhaltigen oder „grünen" Anlageformen zur Auswahl. Freilich gibt es unterschiedliche Perspektiven, was eigentlich nachhaltige Anlagen ausmacht und wie konkret die Kriterien zu definieren sind. In Frankreich zum Beispiel gehört die Kernkraftindustrie zum grünen Spektrum dazu, in Deutschland nicht[68]. Sind Brauereien, Winzer und Schnapsbrennereien unbedenklich? Gehören Tabakkonzerne zum Spektrum nachhaltiger Investitionsmöglichkeiten, und sind Hersteller von Elektroautos umweltfreundlich, obwohl für die Batterien und Motoren Rohstoffe benötigt werden, die bisweilen unter menschenunwürdigen oder umweltschädigenden Bedingungen produziert werden[69]? Sind klimaneutrale Unternehmen unterstützenswert, falls die „Neutralität" wesentlich durch Aufforstung in fernen Ländern erzielt wurde? Auf diese Fragen und Zweifel wird jeder selbst eine Antwort finden müssen, sie dürfen aber keine Ausrede sein, um zunächst abzuwarten. Es geht hier

---

[68] Siehe dazu: „EU einigt sich auf Kriterien für grüne Finanzprodukte", Handelsblatt vom 5.12.2019; Link: https://www.handelsblatt.com/politik/international/eu-taxonomie-eu-einigt-sich-auf-kriterien-fuer-gruene-finanzprodukte/25306000.html?ticket=ST-2233644-HRMbmp19U4wu4YWIfSzH-ap2; abgerufen am 13.06.2021.

[69] Siehe dazu: „Es gibt Ärger in der Kobalt-Frage", Die Welt vom 28.05.2019; Link: https://www.welt.de/wirtschaft/article194369121/Autobatterien-Streit-ueber-die-korrekte-Kobaltfoerderung.html; abgerufen am 19.07.2021.

nicht um ein gutes Gefühl, sondern um das eigene Engagement für mehr Umweltfreundlichkeit und nachhaltige Unternehmensführung. Und das ist mit Aktien eigentlich ganz einfach umzusetzen.

Im Gegensatz zu einer Bankeinlage, die letztlich das gesamte Kredit- und Anlageportfolio der Bank mitfinanziert, kann der Aktionär selektiv die Unternehmen wählen, die er persönlich als nachhaltig ansieht. Zudem besteht die Möglichkeit, als Aktionär Einfluss ausüben, indem er zum Beispiel in der Hauptversammlung mehr nachhaltiges Handeln anregt.

Wie kann man vorgehen, um nachhaltige Aktien zu finden? Als Erstes kann man sich Aktienindizes anschauen, die allein Werte enthalten, die vom Indexanbieter als nachhaltig eingestuft wurden. Damit hat man einen ersten Anhaltspunkt, um selbst weiter zu recherchieren, inwieweit einzelne Aktien den eigenen Ansprüchen genügen. Nehmen wir beispielsweise den DAX 50 ESG[70], das ist eine „grüne" Alternative zum klassischen DAX. „ESG" steht für Environment (Umweltschutz, Verringerung von Treibhausgasemissionen, Energieeffizienz), Social (Arbeitssicherheit, Gesundheitsschutz, Diversität, gesellschaftliches Engagement), Governance (nachhaltige Unternehmensführung, Steuerungs- und Kontrollprozesse). Der Index enthält 50 Titel aus DAX, MDAX und TecDAX. Allerdings fällt bei näherer Betrachtung auf, dass Konzerne wie Daimler, BMW, Lufthansa und Bayer enthalten sind[71], und man runzelt die Stirn. Kandidaten wie RWE (Kernenergie, Kohleförderung) oder MTU (Waffen) bleiben draußen. Andererseits investiert RWE große Summen in erneuerbare Energien und verspricht, bis 2040 klimaneutral zu werden[72]. Bei MTU fällt zum Beispiel auf, dass das Unternehmen

---

[70] Wertpapierkennnummer: A0Z3NB.
[71] Stand: 11.06.2021.
[72] Siehe Geschäftsbericht 2020, RWE; Link: https://www.rwe.com/investor-relations/finanzberichte-praesentationen-videos/finanzberichte; abgerufen am 28.07.2021.

von einem anderen Nachhaltigkeits-Indexanbieter (MSCI) mit der zweitbesten Note (AA) bewertet[73] wurde.

Immerhin zeigt die seinerzeitige Nichtberücksichtigung von Wirecard im DAX 50 ESG, dass die Beachtung von ESG-Kriterien schon kurzfristig einen eigenen finanziellen Nutzen hätte bringen können, indem sie den Investor vor dem Kurssturz der Aktie im Juni 2020 geschützt hätte[74].

Weitere nachhaltige Indizes sind (Beispiele): S&P 500 ESG Index, EURO STOXX® Sustainability, Dow Jones Sustainability World Index, Global Challenges Index (GCX).

Als Investor können Sie der Einstufung der Indexanbieter folgen oder selbst weiter die Ausrichtung von Unternehmen recherchieren, indem Sie etwa Geschäftsberichte auswerten. Auf der Homepage der Bayer AG beispielsweise findet sich ein übersichtlich gestaltetes Informationsangebot. Der Geschäftsbericht[75] kann im PDF-Format heruntergeladen werden und mit der Suchfunktion können gezielt Nachhaltigkeitsthemen gefunden werden.

Wie wirkt sich eine nachhaltige(re) Ausrichtung des Depots auf den Anlageerfolg aus? Ein Vergleich des DAX 50 ESG mit dem „normalen" DAX[76] ergibt für den Zeitraum vom 24. September 2012 bis 9. August 2021 (längstmöglicher Zeitraum) folgende Renditen[77]:

---

[73] Quelle: ESG Ratings Corporate Search Tool; Link: https://www.msci.com/our-solutions/esg-investing/esg-ratings/esg-ratings-corporate-search-tool/issuer/mtu-aero-engines-ag/IID000000002130820; abgerufen am 13.06.2021; Siehe auch Link: https://www.dasinvestment.com/aktien-im-portraet-diese-unternehmen-stuft-msci-als-besonders-nachhaltig-ein/?page=2; abgerufen am 13.06.2021.

[74] Weitere Informationen siehe Link: https://www.fondsprofessionell.de/news/unternehmen/headline/portfoliomanager-esg-ansatz-haette-anleger-vor-wirecard-gau-bewahrt-198699/; abgerufen am 13.06.2021.

[75] Geschäftsbericht 2020, Bayer; Link: https://www.bayer.com/de/medien/integrierte-geschaeftsberichte; abgerufen am 29.07.2021.

[76] Wertpapierkennnummer: 846900.

[77] Jeweils mit Wiederanlage der Dividenden; Quelle: Qontigo; Link: https://www.dax-indices.com/benchmark-vergleich; abgerufen am 10.08.2021.

DAX 50 ESG: 125,79 %

DAX: 111,35 %

Zumindest in diesem Zeitraum hätte sich der nachhaltige Ansatz für den Investor gelohnt. Allerdings ist die Gegenüberstellung nicht ganz fair, da der ESG-DAX mit 50 Aktien gegenüber nur 30 Aktien[78] im „normalen" DAX auch kleinere Werte enthält. Es könnte sein, dass die kleineren Werte zu der besseren Performance geführt haben.

Deshalb lohnt ein Blick auf den neuen DAX ESG Target Index[79], der ebenfalls wie der „normale" DAX nur 30 Aktien enthielt. Der Indexanbieter hat auf seiner Homepage auch einen Erfolgsvergleich mit dem „normalen" DAX zur Verfügung gestellt[80], der auszugsweise wie folgt aussieht:

	DAX ESG Target	DAX
1 Jahr	52,04 %	50,55 %
3 Jahre	6,97 %	6,09 %
5 Jahre	10,35 %	9,43 %

Jährliche Renditen zum 14.05.2021; Datenquelle: Qontigo; eigene Darstellung

---

[78] Zum Betrachtungszeitpunkt hatte der DAX 30 Titel, ab dem 20.09.2021 enthält er 40 Titel
[79] Wertpapierkennnummer: A3CLUH.
[80] Siehe Link: https://www.dax-indices.com/index-details?isin=DE000A3CLUH8; abgerufen am 08.08.2021.

Die Scope Analysis GmbH stellte in einer Analyse fest, dass sich nachhaltige Aktienfonds in der Corona-Krise resilienter entwickelten als ihre konventionellen Kollegen.[81]

Scope hat ferner einen längerfristigen Vergleich veröffentlicht und herausgefunden, dass bei den nachhaltigen Varianten des MSCI-World-Index „die Performanceentwicklung kurz-, mittel- und langfristig besser ist als die des konventionellen MSCI World-Index."[82]

---

[81] Siehe dazu den Report der Scope Analysis GmbH vom 05.05.2020: Nachhaltige Aktienfonds: In der Corona-Krise resilienter als ihre konventionellen Pendants; Link: https://www.scopeexplorer.com/reports/nachhaltige-aktienfonds-in-der-corona-krise/30; abgerufen am 19.07.2021.

[82] Report der Scope Analysis GmbH vom 16.01.2020: Nachhaltige ETFs und Indexfonds: Angebot nimmt zu – Kosten sinken; Link: https://www.scopeanalysis.com/ScopeAnalysisApi/api/downloadstudy?id=94e16a75-29ed-4672-8f10-41385b46db7c; abgerufen am 19.07.2021.

10. Gibt es Alternativen zu Aktien?

> *Jede Wirtschaft beruht auf dem Kreditsystem, das*
> *heißt auf der irrtümlichen Annahme, der andre*
> *werde gepumptes Geld zurückzahlen.*
> *Kurt Tucholsky*

Festverzinsliche Wertpapiere sind meiner Ansicht nach aktuell keine attraktive Anlagealternative. Bei Renditen nahe null Prozent oder gar negativen Renditen werden die Risiken dieser Geldanlageform nicht angemessen kompensiert. Zwar gelten viele Anleihen als relativ sichere Anlageform, trotzdem haben sie ein Zinsänderungsrisiko und ein Ausfallrisiko. Das Zinsänderungsrisiko bedeutet, dass bei einem Anstieg der Marktzinsen der Wert der alten Anleihen abnimmt und der Kurs an der Börse verliert. Der Grund liegt darin, dass die neu herausgegebenen Anleihen einen höheren Zins anbieten. Je länger die (restliche) Laufzeit einer Anleihe, desto stärker leidet sie unter einem Zinsanstieg. Ein extremes Beispiel ist die 100-jährige Staatsanleihe der Republik Österreich (fällig am 30.06.2120), deren Kurs vom Dezember 2020 bis Mai 2021 in der Spitze über 40 % verloren hat[83].

Das Ausfallrisiko einer Anleihe liegt darin, dass der Emittent (Schuldner) die Anleihe nicht wie vereinbart zurückzahlt und/oder den Zins nicht termingerecht überweist. Das kommt vor, sogar bei scheinbar sicheren Staatsanleihen, wie das Beispiel Griechenland in der letzten Weltfinanzkrise ab 2007 gezeigt hat.

---

[83] Quelle: Börse Stuttgart; Link: https://www.boerse-stuttgart.de/de-de/produkte/anleihen/stuttgart/a28y97-oesterreich-republik-eo-medium-term-nts-20202120; abgerufen am 02.07.2021.

Solange es keinen angemessenen Zins gibt, bietet diese Geldanlageform meiner Ansicht nach ein ungünstiges Rendite-Risiko-Profil: keine Rendite, nur Risiko.

Wie sähe eine attraktive Verzinsung einer Anleihe bester Bonität und mittlerer Laufzeit (3-7 Jahre) aus? Zunächst müsste die Geldentwertung ausgeglichen werden. Falls die europäische Notenbank ihr Inflationsziel von 2 % erreichen wird, müssen Anleihen mindestens 2 % Rendite pro Jahr bieten, sonst verliert das Anlagekapital an Wert. Zusätzlich sollte noch eine Kompensation für das Verleihen des Kapitals erfolgen, schließlich arbeitet der Emittent der Anleihe damit. Als grober Anhaltspunkt sollte die Rendite solcher Anleihen bei 2 % Inflationsrate mindestens 3 % betragen. Das mag sich bei der aktuellen Zinssituation als lebensfremd anfühlen, freilich zeigt die Diskrepanz dem nüchternen Betrachter, wie weit sich der Anleihemarkt von einer fundamental fairen Bewertung entfernt hat.

Dabei habe ich bis jetzt unterstellt, dass die Inflation in den nächsten Jahren wirklich bei rund 2 % liegen wird und die aktuell verfolgte Inflationsmessung zu einem realistischen Ergebnis führt. Zu bedenken ist, dass die offiziell ermittelte Inflationsrate umstritten ist[84]. Beim Versuch, in Ballungszentren eine eigene Wohnung oder ein Haus zu kaufen, wird jeder spüren, wie die tatsächliche Geldentwertung wirkt. Da nützt es wenig, wenn Butter und Telefontarife billiger geworden sind. Fazit: Hände weg von Anleihen, solange sie keine deutlich positive Rendite bieten!

Viele Anleger sehen in der <u>Immobilienanlage</u> eine Alternative, was meist bedeutet, dass eine größere Summe investiert werden muss. Weil eigenes Kapital oft nicht ausreicht, wird ergänzend ein Kredit aufgenommen. Trotzdem besteht im Ergebnis ein nicht gestreutes Risiko, was durch die teilweise Fremdfinanzierung gehebelt wird. Die Wohnung oder das Haus steht an einem Standort mit allen

---

[84] Siehe dazu: Die große Inflationslüge: Warum Ihr Geld viel weniger wert ist, als Sie denken, Focus vom 14.06.2014; Link: https://www.focus.de/finanzen/news/preise-die-inflationsluege_id_3441718.html; abgerufen am 19.07.2021.

Abhängigkeiten, falls diese Stadt oder der Ort nicht so boomt wie bisher München, Hamburg oder Stuttgart. Investoren, die nach der Wende im Beitrittsgebiet ihr Glück versucht haben, können davon ein Lied singen. Zudem sind Immobilien mit einem nicht zu unterschätzenden Verwaltungsaufwand verbunden, und wenn man einen Mietnomaden erwischt, stellen sie eine Quelle des Ärgers dar.

Gelegentlich werden Rohstoffe als Anlagealternative genannt, hier besonders das Edelmetall Gold. Über Jahrtausende hat sich physisches Gold (Barren, Münzen) als Wertaufbewahrungsmittel bewährt. Bei einer Anlage ist zu beachten, dass Gold keine Erträge erwirtschaften kann; im Gegenteil, bei größeren Mengen entstehen Lagerkosten für Tresor und Versicherungsprämien. Bei einer wertpapierbasierten Goldanlage (z.B. Xetra-Gold) vermeidet man die Lagerkosten, andererseits sollte überlegt werden, in welchem Umfang die Werterhaltungsfunktion bei größeren Krisen (Krieg, Systemzusammenbrüche usw.) gewährleistet ist.

Der Erfolg einer Anlage in Gold wird im Wesentlichen davon abhängen, ob in der Zukunft genügend Käufer bereit sind, höhere Goldpreise zu bezahlen. Eine Prognose dazu wird meiner Meinung nach seriös nicht möglich sein.

Es gibt allerdings einen erstrebenswerten Effekt einer Goldanlage, den man nutzen kann. Da der Goldpreis sich anders entwickelt als Aktienkurse, kann die Streuung im Rahmen eines Depot-Mixes stabilisierend auf die Entwicklung wirken.

Inwieweit Investmentfonds, Vermögensverwaltungen, Versicherungslösungen oder weitere Angebote von Banken, Versicherungen und Finanzdienstleistern individuell geeignete Kapitalanlageformen sind, bedarf meines Erachtens jeweils einer eingehenden Prüfung und Wertung der Vor- und Nachteile.

Eine erwägenswerte Alternative zu einzelnen Aktien können Aktienfonds darstellen. Das sind gesetzlich regulierte Investmentfonds, die im Wesentlichen Aktien enthalten. Aktiv gemanagt, wählt ein Fondsmanager mit seinem Team Einzelwerte aus und komponiert das Ganze zu einer harmonischen Mischung. Es dürfte aber nicht einfach sein, aus dem reichhaltigen Angebot einen erfolgreichen Fonds auszuwählen. Die Entwicklung in der Vergangenheit ist kein zuverlässiger Indikator dafür, dass die Performance auch in Zukunft erfolgreich sein wird. Testberichte, Qualitätsnoten oder deren Sterne, Ratings, Rankings von Zeitschriften und Weiteres können eine bessere Selektion erlauben, basieren aber auch auf historischen Daten. Je nach zukünftiger Entwicklung ändern sich die Bewertungen und es kann passieren, dass einen „Fünf-Sterne-Fonds" in ein paar Jahren nur noch zwei Sterne schmücken. Ebenso kann sich ein Aschenputtel zu einer Prinzessin wandeln.

Ein weiterer Aspekt ist bei aktiven Aktienfonds die Kostenbelastung. Der Fondsmanager muss die Verwaltungsgebühren zuerst mit erfolgreichem Handeln kompensieren, bevor dem Kunden ein Ertragsvorteil gegenüber einer passiv gemanagten Anlage entstehen kann.

Weiter gibt es passive Fonds, deren Portfolio einen Aktienindex nachbildet. Das aufwendige Fondsmanagement entfällt, womit die Kosten niedriger sind. Diese Fonds werden in aller Regel an einer Börse gehandelt und heißen „Exchange Traded Funds", kurz ETF. Diese ETFs kann der Kunde bei seiner Bank wie eine Aktie kaufen und verkaufen.

ETFs eignen sich besonders für:

- Kleinere Depots (bis ca. 10.000 Euro)

- Sparpläne, in denen monatlich feste Beträge automatisch in den Aktienmarkt investiert werden

- Die Ergänzung zu einem Einzelaktien-Depot, zum Beispiel zur Berücksichtigung von ausländischen Aktienmärkten

Welchen ETF soll der interessierte Anleger wählen? Dazu muss der Anleger wissen, in welchen Aktienmarkt er investieren will. Daraus ergibt sich dann der Aktienindex, nach dem sich der ETF orientiert. Wer ein deutsches Portfolio möchte, kann sich an den führenden Index, den Deutschen Aktienindex DAX, halten. Wer Europa bevorzugt, schaut sich zum Beispiel die Indizes der STOXX-Familie an, darunter der EURO STOXX® 50 Index, der Aktien der 50 größten Unternehmen der Eurozone abbildet. Die ganze Welt fasst der MSCI-World mit Aktien von mehr als 1.600 der größten Unternehmen zusammen. Laut Statista gab es 2020 weltweit über 7600 ETFs[85]. Darunter sind ebenfalls solche mit exotischer Ausrichtung, wie Cannabis-ETFs.

Ganz einfach kann man ETFs mit einer ETF-Suchmaschine auswählen[86]. Bei ETFs sollte man auf folgende Punkte achten:

- Extreme Fondsvermögen meiden. Kleine und riesige Fonds können bei größeren Mittelbewegungen (Kauf und Verkauf der Investoren) Nachteile erleiden. Bei sehr kleinen ETFs besteht zudem das Risiko, dass sie geschlossen werden.

- Kostenquote: Total Expense Ratio, kurz TER. Dabei werden die Verwaltungskosten in Beziehung zum Fondsvolumen gesetzt. Bei Standard-ETFs auf bekannte Aktien-Indizes kann die TER unter 0,2 % pro Jahr liegen.

- Physisch replizierend; bedeutet, dass der ETF die Aktien des Index kauft und nicht mithilfe von Derivaten abbildet.

---

[85] Link: https://de.statista.com/statistik/daten/studie/219379/umfrage/anzahl-der-etfs-weltweit-seit-1997/; abgerufen am 14.06.2021.
[86] Ein Beispiel ist das Portal justETF; Link: https://www.justetf.com/de/find-etf.html; abgerufen am 19.07.2021.

Weine nicht um mich, Argentinien

„Warum sollte ich das tun?" Silvia trank den Rest des Latte macchiato, den der Bankberater ihr serviert hatte. Er schmeckte ihr hervorragend, viel besser als die Anlageempfehlung in Form einer Argentinienanleihe.

„Das ist eine Beimischung mit Rendite-Kick. Staatsanleihen werden nicht ausfallen, das können die sich doch nicht leisten", argumentierte der junge Mann im grauen Anzug. Seine poppige Krawatte hing an einem korrekten Windsorknoten, passte aber modisch nicht mehr in den Ausklang der 1990er-Jahre.

Draußen strahlte die Sonne und Silvia wäre gern schwimmen gegangen. Das Wasser des Tegernsees fühlte sich zwar mit seinen 17 Grad noch etwas frisch an, aber sie liebte es, unbehelligt ihre Bahnen mit Blick auf den Wallberg zu ziehen. Und bei der Temperatur war sie fast immer allein, wenn sie ins Wasser ging.

„Haben Sie im Aktienbereich keine guten Ideen?", versuchte sie, das Gespräch zu retten.

Nachdem der Berater die Anlagepyramide zur Seite geschoben hatte, zog er aus einer Schublade einen Hochglanzprospekt heraus und legte ihn auf den Tisch. „Mit diesem Papier machen Sie alles richtig. Ein Fondsmanager wählt die besten Aktien für Sie aus." Nach einer rhetorischen Pause fuhr er fort: „Und der ist richtig gut!"

Silvia nahm das Druckwerk, stand auf und bedankte sich für die exzellente Kaffeespezialität. „Ich überlege mir das", sagte sie und verabschiedete sich.

11. Wo finde ich Rat und Unterstützung?

> *Prognosen sind schwierig, vor allem,*
>
> *wenn sie die Zukunft betreffen.*
>
> Mark Twain

Zu allen Aspekten der Ordererteilung wird die eigene Bank der erste Ansprechpartner sein. Bei Fragen kann man sich an den persönlichen Berater wenden oder kontaktiert die Hotline, ein Forum oder eine Chatgruppe des Anbieters.

Zu den Themen Aktienauswahl, Depotstruktur, günstiger Zeitpunkt für Kauf und Verkauf bieten die Banken und Sparkassen ein unterschiedliches Beratungsangebot an. In den letzten Jahren konnte beobachtet werden, dass einige Banken sich aus der Beratung zurückziehen. Als Grund wird genannt, dass die gesetzlichen Auflagen aufwendige, mithin teure Dokumentationspflichten erfordern und sich damit eine individuelle Beratung zu Einzelaktien nicht mehr rechne.

Aus Sicht des Kunden ist zu beachten, dass der Bankberater nicht uneingeschränkt die Interessen seiner Kunden im Blick hat, sondern ebenso die seines Instituts. Er muss mit seiner Beratung Geld verdienen, also mit Provisionen und Gebühren die Kosten der Beratung decken. Das ist keine grundsätzliche Kritik am System der Bankberatung (Provisionsberatung). Allerdings sollte der Anleger die Empfehlungen einordnen können.

Daneben gibt es selbstständige Finanzberater. Die teilen sich in zwei Gruppen: Den Berater, der von den Provisionen lebt, die ihm Produktanbieter im Vermittlungsfall bezahlen. Und solche, die dem Kunden ein Beratungshonorar berechnen, dafür gegebenenfalls anfallende Provisionen der Produktanbieter dem Kunden vergüten (Honorarberater).

Eine wirklich unabhängige Beratung kann lediglich der Honorar-Anlageberater bieten. Diese Art der Beratung wird jedoch bisher in Deutschland nur zögernd von den Kunden angenommen. Außerdem ist es gar nicht einfach, einen unabhängigen Berater zu Einzelaktien zu finden[87], da viele Honorarberater sich auf Fonds/ETFs, Vermögensverwaltungen und Versicherungslösungen konzentrieren.

Zur Anlagestrategie und Aktienauswahl besteht die Möglichkeit, sich berühmte und/oder erfolgreiche Portfolios anzusehen und Erkenntnisse daraus abzuleiten. Als ein Vorbild gilt der Staatsfonds Norwegens, der seit seinem Start mit Aktien im Jahre 1998 recht erfolgreich gewirtschaftet hat (6 % p. a. bis 2018), dabei langfristig und risikobewusst agierte[88]. Die Bestände zum Jahresultimo lassen sich im Internet abfragen[89].

---

[87] Eine Liste der registrierten Honorar-Anlageberater, die auch Einzelaktien beraten dürfen, führt die BaFin; Link: https://portal.mvp.bafin.de/database/HAB-Info/; abgerufen am 19.07.2021.
[88] Vgl. Bomsdorf, Clemens: So werden Sie reich wie Norwegen. Frankfurt: Campus Verlag, 2018.
[89] Link: https://www.nbim.no/en/the-fund/investments/#/2020/investments/equities; abgerufen am 02.07.2021.

12. Crash-Propheten

Es gibt in den letzten Jahren Publikationen, die vor einem wirtschaftlichen Zusammenbruch (Crash) warnen:

- Max Otte: Weltsystem Crash (2019)
- Dirk Müller: Machtbeben (2018)
- Marc Friederich und Matthias Weik: Der größte Crash aller Zeiten (2019)

Diese Werke sind Bestseller geworden und die Lektüre kann Tipps im Umgang mit den eigenen Finanzen bieten. Wenn ein Autor die Fehlkonstruktion des Euro, die gefährliche Geldvermehrung durch Notenbanken oder die immense Schuldenzunahme weltweit beleuchtet, dann ist das ein wichtiger Beitrag zur Debatte, wie wir unsere politischen Rahmenbedingungen zukunftssicher gestalten sollten. Bei genauerem Hinsehen raten die Crashpropheten allerdings nicht generell von einer Aktienanlage ab[90]. Und falls konkret vor einem nahenden Kurssturz gewarnt wird, wie soll der Leser damit umgehen? Auf der Internetseite des „Aktienrebellen" Jannes Lorenzen[91] findet sich eine grafische Darstellung des MSCI-Weltaktienindex mit Kurzkommentaren vieler bekannter Börsenexperten, die in den letzten Jahren vor einem Kurssturz warnten. Trotzdem steigt die Linie des Aktienindex fast stetig von links unten nach rechts oben zu immer neuen Höchstständen.

---

[90] Vgl. Otte, Max: Weltsystemcrash. Krisen, Unruhen und die Geburt einer neuen Weltordnung. München: FinanzBuch Verlag, 8. Auflage 2020.
[91] Link: https://aktienrebell.d/boersencrash-propheten/; abgerufen am 19.07.2021.

Der von Börsenprofi und Crashprophet[92] Dirk Müller initiierte, aktiv gemanagte Fonds[93] kann als Indiz verwendet werden, inwieweit sich seine Prognosen auch in der rauen Börsenwirklichkeit bewährt haben. Der Fonds hat den Kurssturz im Februar und März 2020 bravourös gemeistert und in dieser Zeit sogar an Wert zugelegt, jedoch offensichtlich die nachfolgende Erholung der Aktien nicht genutzt. Er hat den jüngsten Börsenboom verpasst, wie die Stiftung Warentest in einer Untersuchung feststellen musste[94].

Fazit: Die Börsenentwicklung zu prognostizieren ist ein zweifelhaftes Geschäft. Wer trotzdem öffentlichkeitswirksam Crashprognosen liefert, den plagen offensichtlich kaum Selbstzweifel[95].

---

[92] U. a. die Süddeutsche Zeitung titulierte ihn in einem Kommentar vom 26.08.2020 als Crashprophet.

[93] Dirk Müller Premium Aktien R; ISIN DE000A111ZF1.

[94] Crashprophet mit Verlusten vom 18.05.2021; Link: https://www.test.de/Aktienfonds-von-Dirk-Mueller-Crashprophet-mit-Verlusten-5746301-0/; abgerufen am 14.06.2021.

[95] Siehe dazu: Weber, Martin u. a.: Genial einfach investieren. Mehr müssen Sie nicht wissen – das aber unbedingt. Frankfurt u. a.: Campus Verlag, 2007; S. 26-44.

Zufall oder Bestimmung?

Das Jahr 2003 war noch sehr jung und die Amerikaner bereiteten gerade den Einmarsch in den Irak vor, als Elvira zu ihrer Freundin Silvia sagte: „Das wirst du schön sein lassen. An Zufälle glaube ICH nicht mehr seit der Sache mit Heinz …"

„Das war einfach Pech! Und Dummheit. Auf dem Weg zum Standesamt in einen lockeren Gullydeckel zu treten ist …, na ja, aber es ist keine Vorherbestimmung! Bitte glaube nicht jedem dahergelaufenen Zahlenakrobaten. Numerologe! Ha! Das ist doch alles Quatsch."

„Nee - ist es nicht. Am 1. Februar passiert etwas, das ist eine aufsteigende Zahlenfolge, eins – zwei – drei, die steht für Richtigstellung."

„Eins – zwei – drei, das ist Hexerei!" Silvia lachte laut. „Das wäre so, als ob der PIN-Code deiner Bankkarte etwas über den Kontostand aussagen würde."

„Silvia! Ich erkläre es noch mal. Die Eins steht für den Tag, die Zwei für den Monat und die Drei für das Jahr. Das ist doch einfach und logisch! Irgendetwas muss wieder ins Gleichgewicht kommen", beharrte Elvira.

Silvia mochte ihre Freundin als fröhlichen und hilfsbereiten Lieblingsmenschen. „Du meinst, ich soll jetzt wirklich vorsichtig in Gelddingen sein?"

„Die Zahlen stehen ungünstig, du darfst auf keinen Fall Aktien anfassen!"

Die Gewissheit ihrer Freundin verunsicherte Silvia. Ihr Mut Apple-Aktien für unter 13 Euro[96] zu kaufen war verflogen.

---

[96] Ende Januar 2003 rutschte die Apple-Aktie kurz unter 13 €; rechnet man die späteren Aktiensplits mit ein, um mit dem aktuellen Kursniveau zu vergleichen, dann entspräche das einem theoretischen Einstands-Kurs von ungefähr 24 Cent pro Aktie (boerse.de).

13. Börse spielend ausprobieren

Wer sich aktuell noch nicht zutraut, mit eigenem Geld in die Börse einzusteigen, kann zunächst Aktien wie im Spiel kaufen und verkaufen. Dabei kann beobachtet werden, wie sich die Aktien entwickeln und das Depot an Wert gewinnt – oder verliert. Das Internet bietet dazu viele kostenfreie Möglichkeiten, sich auszuprobieren. Entweder suchen Sie auf der Homepage der eigenen Bank oder Sparkasse nach einem Musterdepot[97] oder bei einem der vielen Finanzportale. Stellvertretend möchte ich das Angebot von S-Broker (Sparkassen) nennen, dort heißt die Spielwiese „Übungsdepot"[98].

---

[97] Manchmal werden auch andere Bezeichnungen wie „Watchlist", „Demodepot" oder „Virtuelles Depot" verwendet.
[98] Link: https://www.sbroker.de/uebungsdepot/uebersicht.html; abgerufen am 14.06.2021.

14. Wer nichts wagt, hat schon verloren

Damit die Inflation und ein allfälliges Verwahrentgelt (Negativzins) das Anlagekapital nicht mit der Zeit entwertet, muss es Ertrag bringend investiert werden. Dem sicheren schleichenden Verlust kann nur entgehen, wer den Mut aufbringt und kurzfristig ins Risiko geht. Mit einem umsichtigen Aktienkauf winken langfristig ansehnliche Gewinne. Wie in Kapitel 5 dargestellt, spricht die hohe Wahrscheinlichkeit, erfolgreich zu sein, für diese Strategie.

Falls Sie diesen Weg jetzt gehen wollen, wünsche ich Ihnen Mut und Geduld. Mut, den Schritt ins Risiko zu wagen. Geduld, falls Ihre ersten Titel nicht gleich so performen, wie Sie sich das vorgestellt haben. Auch erfolgreiche Unternehmer müssen Rückschläge erleiden. Oft kommt der Kursanstieg überraschend. Dann sind Sie mit dabei.

Im Falle, dass das Depot gleich von Anfang an durchstartet, wäre das erfreulich und gefährlich zugleich. Die Gefahr könnte darin liegen, übermütig zu werden, übermütig im Sinne von, zu viel Mut zu haben.

Zu guter Letzt wünsche ich viel Erfolg, damit auch Sie sagen können: „Zum Glück gibt es Aktien!"

Nachwort

Die in diesem Buch formulierten Aussagen und Anregungen entsprechen meiner persönlichen Meinung und Überzeugung, die durch jahrzehntelange berufliche und private Beschäftigung mit dem Medium Aktie gereift sind. Trotz sorgfältiger Recherche und Reflexionen können Darstellungen enthalten sein, die sich aktuell oder im Nachhinein als falsch herausstellen könnten. Dieses Buch bietet weder eine Garantie für einen bestimmten Anlageerfolg, noch verhindert es mit Sicherheit Verluste, noch soll es eine professionelle Beratung ersetzen. Anlageentscheidungen sollten immer im Zusammenhang mit der individuellen Situation des Anlegers und dessen Risikobereitschaft stehen. Wenn Sie unsicher sind, lassen Sie sich von einer Person Ihres Vertrauens beraten. Der Autor oder Verlag haftet nicht für Verluste der Leser an der Börse oder sonstige Schäden, seien sie direkt oder indirekt mit der Lektüre dieses Buches verbunden. Für die Börsenerfolge nach Umsetzung der Anregungen aus dem Buch erwarte ich andererseits keine Gewinnbeteiligung.

Bei Fragen oder Anregungen freue ich mich über eine Kontaktaufnahme.

Bedanken möchte ich mich bei meiner Lektorin Dr. Lotte Husung für die kompetente Begleitung. Meine beiden Kinder gaben mir wertvolle Hinweise, die zur Verbesserung des Textes beigetragen haben. Aber auch meine liebe Frau leistete ihren Beitrag, indem sie viele Stunden die geschlossene Tür meines Arbeitszimmers erdulden musste.

Glossar

Algorithmus: Rechenvorgang nach einem bestimmten (sich wiederholenden) Schema[99]. Im Börsenkontext eine meist computererzeugte Handelsregel, die nach dem Schema „wenn ... dann" funktioniert.

Aktie: Wertpapier, das eine Beteiligung am Eigenkapital einer Aktiengesellschaft verbrieft.

Aktienfinder: Suchprogramm im Internet, um Aktien auszuwählen.

Aktienindex: Kennzahl, die die Wertentwicklung einer bestimmten Auswahl an Aktien abbildet.

Aktienkurs: Preis einer Aktie an der Börse.

Aktienquote: Anteil der Aktien in einem Depot oder Portfolio.

Anleihe: Verzinsliches Wertpapier; Obligation, Schuldverschreibung.

---

[99] Quelle: duden.de

Ausschüttungsquote (bei Aktiengesellschaften): Anteil des erwirtschafteten Gewinns, der als Dividende an die Aktionäre ausgeschüttet wird.

Bilanz: Bei Unternehmen die jährliche Gegenüberstellung von Vermögen und Schulden.

Bodenrichtwert: Wert von Grundstücken; sie werden als Kaufpreissammlung geführt und regelmäßig als Durchschnittswert veröffentlicht.

Bonität: Kreditwürdigkeit von Personen oder Unternehmen.

Börse: Handelsplatz für Wertpapiere.

Buchwert: Bei Aktien entspricht er dem in der Bilanz ausgewiesenen Eigenkapital pro Aktie.

Cash-Burn-Rate: In der Hochzeit des Neuen Marktes (Börsensegment für Aktien der New Economy, 1997 bis 2003) beliebte Kennzahl (= Geldverbrennungsrate).

Chart: Grafische Darstellung eines (Aktien-)Kurses.

Chartanalyse: Versuch, aus dem historischen Kursverlauf einer Aktien Erkenntnisse für die Zukunft zu gewinnen.

(Börsen-)Crash: Saloppe Bezeichnung für einen heftigen Kurseinbruch an der Börse.

Cost-Average-Effekt: Bei einem Sparplan mit Aktien, Aktienfonds oder Aktien-ETFs wird ein günstiger durchschnittlicher Einstandspreis erzielt, wenn die Kurse stark schwanken.

Depot: Dort werden Wertpapiere bei einer Bank verwahrt und verwaltet.

Derivat: Finanzprodukt, dessen Preis und Entwicklung von einem anderen Finanzprodukt abhängt.

Dotcom-Blase: Spekulationsblase, insbesondere bei Internet-Technologieaktien, die im März 2000 platzte.

Dividende: Ausschüttung einer Aktiengesellschaft an ihre Aktionäre.

Dividendenrendite: Kennzahl, die das Verhältnis der Dividende zum Aktienkurs beschreibt.

Effizienter Markt: Theorie, nach der die Aktien immer einen fairen Preis haben, da alle verfügbaren Informationen im Marktpreis (= Aktienkurs) enthalten sind.

Eigenkapital: In der Bilanz das Kapital, das von den Eigentümern eingezahlt wurde und/oder durch Gewinne entstanden ist.

Eigenkapitalquote: Anteil des Eigenkapitals an der Bilanzsumme.

ETF: Exchange Traded Fund; börsengehandelter, passiv verwalteter Indexfonds.

Fonds: Siehe Investmentfonds.

Freistellungsauftrag: Damit wird bei der depotführenden Bank erreicht, dass maximal bis zur Höhe des Sparerfreibetrages auf die Abführung der Abgeltungssteuer auf Kapitalerträge verzichtet wird.

Goldlöckchen-Szenario: Ideales Börsenumfeld, benannt nach dem englischen Märchen „Goldilocks".

Hausse: Deutlich steigende Aktienkurse.

Honorar-(anlage-)Berater: Ein Berater, der für seine Leistung ein Honorar berechnet.

Inhaberaktie: Die Rechte und Pflichten beziehen sich auf den jeweiligen Inhaber (Eigentümer).

Investmentfonds: Sondervermögen für Kapitalanlagen, wie Aktien, Anleihen, Immobilien.

Hauptversammlung: Jährliche Versammlung der Aktionäre, des Vorstandes und Aufsichtsrates einer Aktiengesellschaft.

Hedgefonds: Alternative Investmentfonds, die höhere Risiken eingehen können als klassische Investmentfonds.

KGV: Kurs-Gewinn-Verhältnis; wichtige Kennzahl bei der Aktienanalyse.

KBV: Kurs-Buchwert-Verhältnis; wichtige Kennzahl bei der Aktienanalyse.

Nachhaltigkeitskriterien: Punkte, die bei nachhaltigen Anlagen beachtet werden sollen; „ESG" steht für Environment (Umweltschutz, Verringerung von Treibhausgasemissionen, Energieeffizienz), Social (Arbeitssicherheit, Gesundheitsschutz, Diversität, gesellschaftliches Engagement), Governance (nachhaltige Unternehmensführung, Steuerungs- und Kontrollprozesse).

Namensaktie: Der Aktionär wird namentlich in das Aktienregister eingetragen.

Negativzins: Negativer Zins, bei Bankeinlagen auch als Verwahrentgelt bezeichnet.

Nichtveranlagungsbescheinigung: Bescheinigung des Finanzamts zur Vorlage bei Banken zur Vermeidung des Abzugs der Abgeltungssteuer auf Kapitalerträge; nur bei Anlegern, deren Gesamteinkommen so gering ist, dass keine einkommensabhängigen Steuern anfallen.

Provisionsberater: Anlageberater, dessen Honorar durch den Produktanbieter bezahlt wird.

Quellensteuer: Steuer, die direkt an der Quelle erhoben wird; bei Kapitalerträgen führt die depotführende Bank die Abgeltungssteuer ab.

Spekulant: Meist kurzfristig orientierter Marktteilnehmer, der aus einem für die Zukunft erwarteten Preisunterschied Nutzen ziehen möchte.

Stammaktie: In Deutschland übliche Aktiengattung mit Stimmrecht auf der Hauptversammlung, im Gegensatz zu den Vorzugsaktien.

Stille Reserven: Bilanziell nicht ausgewiesenes Eigenkapital, entstanden durch zu niedrig bewertete Vermögenswerte oder zu hoch ausgewiesene Verbindlichkeiten.

Sub-Prime-Krise: Entstand durch notleidend gewordene Hauskredite in den USA und löste ab 2007 eine weltweite Finanzkrise aus.

Substanzaktien: Aktien, deren Werthaltigkeit sich hauptsächlich aus der Substanz, der Gewinnentwicklung und der Etablierung im Markt ergibt.

TER: Total Expense Ratio; Kennzahl für die Kosten von Fonds; dabei werden die Verwaltungskosten in Beziehung zum Fondsvolumen gesetzt.

Trader: Spekulativ ausgerichtete Marktteilnehmer.

Verbindlichkeit: Schulden.

Verwahrentgelt: Siehe Negativzins.

Volatilität: Schwankung des Kurses während eines bestimmten Zeitraums; mathematische Größe für das Maß des Risikos einer Kapitalanlage.

Volksaktien: Aktien, die bei einer (Teil-)Privatisierung gezielt an Kleinanleger verkauft werden.

Vorzugsaktie: Für den Verzicht auf das Stimmrecht bei der Hauptversammlung wird meist eine höhere Dividende angeboten.

Wachstumsaktien: Aktien, deren Werthaltigkeit sich hauptsächlich aus dem überdurchschnittlichen Wachstum des Unternehmens ergibt.

Wertpapierkennnummer: Sechsstellige Zahl, die der eindeutigen Identifizierung von Wertpapieren dient.

Zeichnungsauftrag: Kaufauftrag bei der Neuemission von Wertpapieren.

Literaturverzeichnis

1. Bücher

Bomsdorf, Clemens: So werden Sie reich wie Norwegen. Frankfurt: Campus Verlag, 2018

Gaulke, Jürgen: Die Goldfinger. Die Investmentstrategien der erfolgreichsten Geldanleger. Hamburg: Hoffmann und Campe, 1997

Graham, Benjamin: Intelligent investieren. München: FinanzBuch Verlag, 1998

Müller, Dirk: Machtbeben. Die Welt vor der größten Wirtschaftskrise aller Zeiten. München: Wilhelm Heyne Verlag, 8. Auflage 2018

Otte, Max: Weltsystemcrash. Krisen, Unruhen und die Geburt einer neuen Weltordnung. München: FinanzBuch Verlag, 8. Auflage, 2020

Taleb, Nassim Nicolas: Narren des Zufalls. Die unterschätzte Rolle des Zufalls in unserem Leben. München: btb Verlag, 2013

Weber, Martin u. a.: Genial einfach investieren: Mehr müssen Sie nicht wissen - das aber unbedingt. Frankfurt u. a.: Campus Verlag, 2007

Weik, Matthias und Friedrich, Marc: Der größte Crash aller Zeiten: Wirtschaft, Politik, Gesellschaft. Wie Sie jetzt noch Ihr Geld schützen können. Köln: Eichborn Verlag, 2019

2. Studien

Deutsches Aktieninstitut e. V.: Deutschland und die Aktie, Aktionärszahlen, 25.02.2021

Deutsches Aktieninstitut e. V.: Mehr Aktionäre in Deutschland, Studie, 16.01.2019

Deutsches Aktieninstitut e. V.: Renditedreiecke, 21.01.2021

Scope Analysis GmbH: Nachhaltige Aktienfonds in der Corona-Krise, 05.05.2020

Scope Analysis GmbH: Nachhaltige ETFs und Indexfonds: Angebot nimmt stetig zu – Kosten sinken, 16.01.2020

3. Aufsätze und Beiträge

Barber, Brad M. und Odean, Terrance: Trading Is Hazardous to Your Wealth: The Common Stock Investment Performance of Individual Investors. Journal of Finance, 55/2, April 2000

Brunnermeier, Markus K.: Das letzte Kapitel ist noch nicht geschrieben. Perspektiven der Wirtschaftspolitik, Band 15, Heft 3, veröffentlicht von De Gruyter am 17. Oktober 2014; Link: https://doi.org/10.1515/pwp-2014-0018; abgerufen am 13.06.2021

Kirchner, Christian: Die Möhre vor den Rüben der Aktionäre: Der Dax. Blog-Beitrag vom 23.11.2018; Link: https://menschenzahlensensationen.wordpress.com/2018/11/23/die-moehre-vor-den-rueben-der-aktionaere-der-dax/; abgerufen am 12.06.2021

Kriesel, David: Traue keinem Scan, den du nicht selbst gefälscht hast. Youtube-Video vom 01.01.2015; Link: https://www.youtube.com/watch?v=7FeqF1-Z1g0; abgerufen am 12.06.2021

Merkel, Angela: Fernsehansprache von Bundeskanzlerin Angela Merkel am 18. März 2020, veröffentlicht auf www.bundesregierung.de; Link: https://www.bundesregierung.de/breg-de/aktuelles/fernsehansprache-von-bundeskanzlerin-angela-merkel-1732134; abgerufen am 07.07.2021

Stehle, Richard: Die Risikoprämie von Aktien in den letzten 118 Jahren. Beitrag auf www.eberbacher-kreis.de, vom März 2019; Link: https://www.eberbacher-kreis.de/downloads/; abgerufen am 12.06.2021

4. Zeitungen und Zeitschriften

brand eins

Der Standard

Die Welt

Euro am Sonntag

Focus

Frankfurter Allgemeine Sonntagszeitung

Frankfurter Allgemeine Zeitung

Handelsblatt

Neue Zürcher Zeitung

Süddeutsche Zeitung

5. Onlinemedien

ARD-Tagesschau; Link: www.tagesschau.de

Börse Online; Link: www.boerse-online.de

Das Investment; Link: https://www.dasinvestment.com/

Fonds professionell Online; Link: www.fondsprofessionell.de

Meedia; Link: www.meedia.de

Stiftung Warentest; Link: www.test.de

Telepolis; Link: www.heise.de

6. Sonstige Quellen

Geschäftsbericht 2020, Bayer; Link:
https://www.bayer.com/de/medien/integrierte-geschaeftsbe-
richte; abgerufen am 29.07.2021

Geschäftsbericht 2020, Ludwig Beck; Link: https://kaufhaus.lud-
wigbeck.de/unternehmen/investor-relations/finanzpublikatio-
nen/geschaeftsberichte; abgerufen am 29.07.2021

Geschäftsbericht (Annual Report) 2013 und 2019, McDonald's; Link: https://corporate.mcdonalds.com/corpmcd/investors/financial-information.html; abgerufen 13.06.2021

Geschäftsbericht 2020, RWE; Link: https://www.rwe.com/investor-relations/finanzberichte-praesentationen-videos/finanzberichte; abgerufen am 29.07.201

Wikipedia: Heuschreckendebatte; Link: https://de.wikipedia.org/wiki/Heuschreckendebatte; abgerufen am 12.06.2021

Wikipedia: David Kriesel; Link: https://de.wikipedia.org/wiki/David_Kriesel; abgerufen am 12.06.2021

Zeitfracht Medien GmbH
Ferdinand-Jühlke-Straße 7
99095 Erfurt, Deutschland
produktsicherheit@kolibri360.de